Wolfgang Held

AF177255

Das ist
Waldorfschule!

Wolfgang Held

Das ist Waldorfschule!

Sieben Kernpunkte
einer lebendigen Pädagogik

Verlag Freies Geistesleben

ISBN 978-3-7725-1419-7

2. korrigierte Auflage 2025

Verlag Freies Geistesleben
Landhausstraße 82, 70190 Stuttgart
www.geistesleben.de

© 2019 Verlag Freies Geistesleben
& Urachhaus GmbH, Stuttgart
Bei Fragen zur Produktsicherheit wenden Sie sich an:
info@geistesleben.com

Umschlag: Bianca Bonfert unter Verwendung eines Fotos von
plainpicture/Cultura/Christopher Villano
Innenfotos: Wolfgang Held
Satz: Katja Schüch, Kirchheim unter Teck
Druck: CPI books GmbH, Leck
Printed in Germany

 Entdecken Sie weitere Pädagogikbücher:
geistesleben.de/paedagogik

 Bleiben Sie mit unserem Newsletter auf dem Laufenden:
geistesleben.de/news

Inhalt

Mein Lehrer 11

Bildung ist die Gefährtin in widersprüchlicher Zeit . 17

Heute ist alles groß und alles klein 23

Heute ist alles kalt und alles warm 30

Heute ist alles fern und alles nah 36

Die sieben Kernpunkte der Waldorfpädagogik 42

1. Es geht um den ganzen Menschen 42

2. Er ist einzigartig ... 59

3. ... und kommt vom Himmel 67

4. ... und sucht die ganze Gemeinschaft 74

5. ... findet über den Kopf zum Herzen und zur Hand 80

6. ... und schließt Partnerschaft mit der Zeit 93

7. ... und sucht den Menschen, um Mensch zu werden 107

Reisebericht Waldorfschule 123

Wie die Seele die Mitte findet.
Christiane Hewel 129

Immer auf Augenhöhe.
Till von Grotthuss 135

«Du schaffst das!»
Johanna Altmann 141

Ordnung braucht Augenzwinkern.
Andreas Pelzer 147

Ich erzähle dir von der Menschheit.
Günter Boss 153

Den lieb ich, der Unmögliches begehrt.
Uta Bischof 159

«Hört ihr das?»
Iru Mun 165

Das ganze Leben hineinwerfen.
Franz Glaw 171

«Bisschen mehr Power da rein».
Mona Doosry 177

«Lernt fragen!»
Thomas Neukirchner 185

Deine Gefühle sind wahr!
Jutta Rohde-Röh 191

Worte suchen statt Vokabeln lernen.
Silvia Albert-Jahn 205

Mein Dank.. 210

Elf Bücher, die ich empfehle 212

Anmerkungen... 214

.

«Im Unterricht fragte die Lehrerin uns einst,
was wir einmal werden wollen.
Ich antwortete ‹glücklich›,
woraufhin die Lehrerin meinte,
ich hätte die Frage nicht verstanden.
Ich entgegnete darauf,
sie hätte das Leben nicht verstanden.»[1]

Mein Lehrer

Er hatte diesen tief liegenden Scheitel, der die wenigen Haare auf dem Schädel verteilte. Wenn er sich über unsere Schulhefte beugte, dann reichten die Strähnen hinunter bis aufs Papier. Er war im Unterricht manchmal fahrig, im Umgang mit technischen Geräten ungeschickt, und doch kommt er mir in den Sinn, wenn ich die ersten Zeilen dieses Buches über Waldorfpädagogik schreibe – mein Biologielehrer. Er liebte das Leben, dessen Erfindungsreichtum und Schönheit er uns in immer neuen Facetten erzählte. Er liebte sein Fach. Und er liebte uns Schüler: versuchte in jedem von uns, die wir uns oft mehr für Musik oder Mopeds interessierten, das Herz für die Mendelschen Regeln, für Meiose, Mitose und Mimikry zum Schlagen zu bringen. Wie er sich wand, wenn er eine schlechte Zensur mitteilen musste. Schließlich war er Experte in Bezug auf Richard Wagner, was ihm die Einladung in eine abendliche TV-Quizsendung einbrachte.[2]

Es gehört wohl zu einem glücklichen Leben, dass uns in der Schulzeit solche Persönlichkeiten am Pult gegenüberstehen, uns auch zur Seite stehen und manchmal unbemerkt hinter uns stehen. Es sind Lehrerinnen und Lehrer, die diese drei Dinge in ihrer je eigenen Mischung erfüllen: Sie sind eins mit ihrem Fach, stehen auf der Seite ihrer oft undankbaren Schülerinnen und Schüler, und sie haben irgendeine geheime

Leidenschaft, eine eigene, ausgesuchte Liebe zum Leben. Von
der ist selten, vielleicht niemals im Unterricht die Rede, aber
was sich Rudolf Steiner vom Lehrer wünscht, dass er Interesse
für die Welt habe, das hat in diesem Refugium seinen Anker.
Bei einer Lehrerin ist es vielleicht die Freude, englische Rosen
zu züchten, bei einem anderen ist es die Sammlung römischer
Münzen. Das allgemeine Interesse braucht als Widerlager das
besondere Interesse. Breite und Tiefe gehören zusammen.

Mir scheint, dass die Energie, sich auf uns Heranwachsende immer wieder neu einlassen zu können, häufig solch
einer eigenen Welt entspringt. Der niederländische Arzt und
Sozialökonom Bernard Lievegoed griff hier zum Bild der Straßenbahn. Wie die «Tram» müsse man ebenfalls an eine obere
Energieleitung anschließen. Aber anders als die Straßenbahn,
die an der bestehenden Oberleitung den Strom abnimmt,
müsse man diese Leitung selbst bauen, ja, sie bilde sich erst,
wenn man sie durch ernste Lebensfragen entstehen lasse.
Mir scheint, dass es zu den Eigenheiten der ungefähr vierzigtausend Lehrerinnen und Lehrer an Waldorf- und Rudolf-
Steiner-Schulen in sechsundsiebzig Ländern gehört, dass sie
alle diese imaginäre Oberleitung haben.

Erinnert man sich an die eigene Erziehung in der Kindheit,
an die Schulzeit, so steigen keine Methoden, keine Lern-
theorien oder didaktische Systeme vor dem inneren Auge auf.
Nein, es sind die Menschen, die vor die Seele rücken. Martin

Bubers Credo, dass das Ich am Du zum Ich wird, hat wohl nirgends solche Gültigkeit wie in der Erziehung und Schulzeit. Die Haltung der Lehrerpersönlichkeiten zu sich selbst, zu uns Schülerinnen und Schüler und zur Welt, das bleibt als eine Art Geschmack, als ein Grundton ein Leben lang erhalten. In hundert Gesten und Bewegungen, Regungen und Stimmlagen, in der ganzen Breite des seelischen Lebens nehmen die Schülerohren und -augen ihre Lehrer in sich auf. Und es gehört zu den schwerwiegenden Einsichten eines Pädagogen, dass die Art, wie man fühlt und handelt, weitaus stärker und nachhaltiger auf die Kinder wirkt als all das Wissen.

Georg Glöckler, ein Dozent in meiner Waldorfausbildung, erzählte aus seiner Schulzeit, dass dem Waldorfphysiklehrer Ernst Bindel bei optischen Versuchen am gefüllten Glasbecken etwas ins Wasser fiel. Ohne sein Jackett abzulegen, tauchte er kurzentschlossen mit dem ganzen Arm ein, um den Gegenstand zu retten. Für die Wissenschaft müsse man Opfer bringen, habe er mit triefendem Arm sein Manöver kommentiert.

So wie von einem Eisberg nur ein Siebtel über die Wasseroberfläche ragt, sind solche Augenblicke gleichfalls nur dieses eine Siebtel einer sprichwörtlich tieferliegenden Haltung zu sich, zur Welt und zu den Schülern, und es ist diese Haltung, aus der sich die Fähigkeiten, aus der sich das Fundament des Schicksals der Kinder und Jugendlichen bildet. Das Einfühlungsvermögen und die Sicherheit, mit der

man ein Vierteljahrhundert später berufliche oder familiäre
Entscheidungen trifft, hat in der beschriebenen dreifachen
Haltung der Lehrerinnen und Lehrer ihre wichtige, vielleicht
die wichtigste Quelle.

2009 ging ein Beben durch die Erziehungswissenschaften:
Der neuseeländische Bildungsforscher John Hattie bildete aus
800 pädagogischen Metastudien, selbst schon gesammelte
Zahlenwerke, eine weitere übergeordnete Metaanalyse.[3] Seine
Meta-Metastudie trägt den Namen «Visible Learning», und das
ist Programm: Von Hausaufgaben über Klassengröße und Er-
lebnispädagogik bis zu zweisprachigem Unterricht ermittelte
er bei 138 einzelnen Faktoren, ob sie für ein erfolgreiches Lernen
förderlich, unwichtig oder sogar hinderlich seien. Häufig bestätigen solche Studien mit enormem akademischem Aufwand
das, was mit etwas Lebens- oder Schulerfahrung unmittelbar
einleuchtet. Überraschend war an Hatties Studie, wie deutlich
dessen Ergebnisse zeigten, dass nicht die eine Schulmethode,
nicht die besondere Ausstattung des Klassenzimmers, die Klassengröße oder sonst etwas Äußeres das Lernen fördert, sondern
es auf den Lehrer, die Lehrerin ankommt.[*] Genauer: wie es dem

---

[*] Hattie ordnet den einzelnen Lernbedingungen Kennzahlen zu. Dabei
zeigte TV-Konsum einen stark negativen Wert (–1,8), aber Feedback über die
Entwicklung einen hohen positiven Wert. Dabei sollte das Feedback Vergangenheit (Aufgabe), Gegenwart (Prozess) und Zukunft (Perspektive) betref-
fen. Bei Hattie sind es die drei Fragen 1. Wohin gehst du? (feed up); 2. Wie
kommst du voran? (feed back); 3. Wie geht's weiter? (feed forward).

Lehrer gelingt, seine Schülerinnen und Schüler so zu beobachten und zu verstehen, dass er mit seiner Art zu unterrichten sie dann erreichen kann.

«Formative Evaluation des Unterrichts» nennt es Hattie, so auf das Können der Schüler einzugehen. Die latenten, noch nicht ins Bewusstsein vorgedrungenen Fragen der Schüler wahrzunehmen, so fordert es Rudolf Steiner. Interessant: Die staatlichen Schulbehörden und Aufsichtsstellen fragen gerne nach der Fachkompetenz der Lehrer an freien Schulen und lassen sich diese mit Papieren und Examina bestätigen. Aber genau diese reine Fachkompetenz spielt nach Hattie praktisch keine Rolle für den Lernerfolg. Umgekehrt ist das sogenannte Mikroteaching sehr wirkungsvoll. Damit ist die Hinwendung des Lehrers zu einem Schüler gemeint, wenn er all seine Aufmerksamkeit ihm und nur ihm schenkt.

Hier schlägt das Herz der Waldorfpädagogik: sich für die einzelne Schülerin, den einzelnen Schüler so zu interessieren, dass man sie oder ihn abends noch einmal vor die Seele rückt. Am Vormittag gab es den Unterricht, nachmittags ist man über Schulhefte gebeugt, und abends hat man vielleicht noch Konferenzen oder Elterngespräche – und doch gibt es nun den kurzen Moment, wo die Lehrerin, der Lehrer sich die Schüler noch einmal vor das innere Auge stellt. Ob es der Moment war, in dem morgens die Schüler einem die Hand gegeben haben, oder der Augenblick, in dem man sie auf dem Pausenhof stehen sah oder

eben gebeugt oder tuschelnd im Unterricht: der Lehrer, die
Lehrerin grüßt jeden Schüler noch einmal. Was so das Ende des
pädagogischen Tages bedeutet, ist zugleich ein Anfang.

Wer mit diesem Mittel umgeht, das zur Innenseite der
Waldorfpädagogik gehört, stellt bald fest, dass die Nacht eine
verborgene soziale Dimension bereithält. Wenn man abends
an einen Menschen denkt, wird man am nächsten Tag nicht
selten entdecken, dass das nicht folgenlos ist. Was in der Religion das Gebet zu einer höheren Macht, zu einem Gott ist,
das ist hier die Hinwendung an den Genius des Schülers, an
sein inneres Feuer, die Gewissenskraft oder wie immer man
den Kern der Persönlichkeit nennen möchte. Zur Pädagogik
gehört diese Nachtseite dazu, und es ist erforderlich, dass
auch die Gehirnforschung Licht in diese verborgene Seite
des Lebens bringt. Neurophysiologen beschreiben, dass der
schlafende Organismus nachts nicht passiv ist, sondern die
Aktivität sich verlagert. Wer am nächsten Morgen unbefangen schaut, wie sich die Schülerinnen und Schüler verhalten,
die man so des Abends bedacht hat, bemerkt die feine Verbindung, die sich zwischen Lehrer und Schüler spannt. Manche
Verabredung kann man auf diese Weise stillschweigend mit
den Schülern treffen, ja mancher Konflikt kann so über Nacht
gelöst werden.

Bildung ist die Gefährtin in widersprüchlicher Zeit

Es steht in allen politischen Programmen und gehört zu jeder Festtagsrede oder jedem Kulturappell: die Forderung, der Wunsch nach mehr, nach besserer Bildung. Wie Schule und Kindergarten anders und kindgemäßer sein könnten, wird mittlerweile auf den Titelseiten der Zeitungen und in den Abendnachrichten behandelt. Die großen Wochenmagazine haben Sonderreihen über Pädagogik ins Leben gerufen. «Bildung» ist heute nichts Fremdes mehr, denn es betrifft nicht mehr nur die eigenen Kinder, erinnert nicht mehr nur an die fernliegende eigene Schulzeit, sondern gehört wohl zu jedem heutigen Lebensentwurf. Lebenslanges Lernen ist zum Grundton geworden, sodass die Frage, wie Unterricht sein sollte, sich jetzt lebensnah stellt.

Heute weiß jeder, wovon beim Lernen die Rede ist, denn heute sitzt die ganze Gesellschaft auf der Schulbank. 2009 fasste Peter Sloterdijk diesen schulischen Wind, der durch alle Lebensfelder zieht, mit seiner Darstellung *Du musst dein Leben ändern* zusammen. Der Buchtitel ist angelehnt an Rilkes Gedicht «Archaïscher Torso Apollos», in dem der Dichter gerade hundert Jahre zuvor beschreibt, wie beim Anblick großer Kunst sich im Betrachter das Feuer entzündet, sich selbst zu entwickeln und zu verwandeln. Schon bei Rilke ist es

der Hymnus, dass es zum Menschsein gehöre, ein Leben lang
zu üben und zu lernen.

Es ist bemerkenswert, dass nach hundert Jahren dieses
Bild des Menschen – dass wir Menschen immer «werdende
Menschen» sind – zur allgemeinen Vorstellung wurde. «Wie
das 19. Jahrhundert kognitiv im Zeichen der Produktion
stand, das 20. im Zeichen der Reflexivität, sollte die Zukunft
sich unter dem Zeichen des Exerzitiums präsentieren.»[4] So
beschreibt es Peter Sloterdijk als einen Dreischritt, der nun in
ein allgemeines Üben als Grundton der Kultur mündet. Es sei,
so Sloterdijk, eine anthropologische Wende.

Interessant: Bis zur Jahrhundertwende oder ein paar Jahre
früher dominierten auf dem Sachbuchmarkt Titel wie Andrew
Carnegies Buch *Sorge dich nicht, lebe* oder Joseph Kirschners
Darstellung *Manipulieren, aber richtig.* Die amerikanischen
Wirtschaftsstrategien wurden ins Private exportiert, denn, so
der kalte Gedanke, auch im persönlichen Leben herrschen die
Gesetze des Marktes, die Gesetze von Kaufen und Verkaufen,
von Fressen und Gefressenwerden. Das hat sich, welch ein
Glück, vollständig geändert. Was heute die Bestsellerlisten
der Sachbücher anführt, sind all die Ratgeber und Lebenshil-
fen, die zeigen, wie man zu Partner und Kind, zu Katze oder
Hund eine Beziehung aufbaut und pflegt – eine Beziehung auf
Augenhöhe. Es wächst eine Generation heran, die sich von
dem Nützlichkeitsdenken emanzipiert.

Die 17. Shell-Jugendstudie von 2015 zeichnet ein Bild davon. Über 2500 Jugendliche von 12 bis 25 wurden danach befragt, was ihnen wertvoll ist und was weniger. Dabei zeigte sich, dass die drei zentralen Felder des Beziehungslebens – Freundschaft, Familie und Partnerschaft – an erster Stelle rangieren. Karriere und Reichtum fallen als Ziel der Lebensplanung weiter zurück und sind eindeutig zweitrangig.[5] Diese Generation erkennt, was Frank Schirrmacher in seinem Buch *Ego. Das Spiel des Lebens*[6] beschreibt, dass der auf das Nützliche und Ökonomische reduzierte Mensch ein Soziopath wird. Den Menschen auf Nützlichkeitsdenken zu reduzieren bedeute, so Schirrmacher, dass dies als Theorie nicht nur ein Handeln beschreibe, sondern ein Handeln erzwinge; solch ein Denken sei nicht nur deskriptiv, sondern normativ. Schirrmacher unterstreicht damit den dramatischen Gedanken, dass die Welt und natürlich ihre Geschöpfe so werden, wie man über sie denkt. Beim fünften Kernpunkt der Waldorfpädagogik greife ich diesen Aspekt auf (siehe S. 80ff.).

Umso mehr hängt von dem Wandel ab, der sich abzeichnet. Ihn inspirieren die Lebenswissenschaften, wenn sie aufzeigen, dass nicht Wettstreit, sondern vielmehr Zusammenarbeit der Kunstgriff des Lebens ist. «Kooperation statt Kompetition», unter dieser Formel fasst der Biologe Johannes Wirz[7] die neue Art, die Natur zu verstehen, zusammen. «Survival of the fittest» oder «struggle of live», das war die Ansage, die im 19. und 20. Jahrhundert, ausgehend von der Biologie, zum allgemeinen Maßstab des Denkens und Fühlens wurde. Es gehe, so die Botschaft der Biologie, nicht darum zu leben, sondern zu überleben. Doch es mehren sich in den Lebenswissenschaften die Stimmen, die Zusammenarbeit und Beziehungsfähigkeit viel mehr als Kompetenzen des Lebens beschreiben als die darwinistischen Attitüden von Verdrängung und Durchsetzungskraft. Kein Wunder, dass das Buch von Peter Wohlleben über das geheime Miteinander der Bäume zum Bestseller wurde.[8]

Der italienische Philosoph Emanuele Coccia beschreibt es so: «Wir haben alle viel zu lange geglaubt, Natur sei Krieg. Nein, es gibt viele neuere Erkenntnisse, die dem widersprechen. [...] Jeder frisst jeden, das Bild stammt von Linné, Darwin hat es korrigiert und behauptet, durch Krieg könne sich die Natur ständig verbessern. Hundert Jahre lang haben wir die Natur auf diese Weise gesehen. Seit den Siebzigerjahren entdecken wir, dass es nicht nur Krieg, sondern auch Symbiose und Solidarität gibt, die sogar viel entscheidender sind als der Faktor Krieg aller gegen alle. Ohne Symbiose und Verbindung kann Natur nicht existieren. In Peters Buch [gemeint: Peter Wohllebens Buch] betreten wir einen Wald und erleben Solidarität, nicht Krieg.»[9]

Im 21. Jahrhundert entwickelt sich die Kooperation zur Co-Creation. Während man in der Kooperation zusammenkommt, um sich in seinen Fähigkeiten zu ergänzen – «du machst den Teig – ich die Glasur» – steigert die Co-Creation das Miteinander zu einem dynamischen Prozess. Wechselseitig befähigt und inspiriert man sich – erst mit und durch die anderen entwickeln sich die eigenen Fähigkeiten. Da wird das Hin- und Zuhören enorm wichtig. Deshalb überrascht es nicht, dass der französische Philosoph Edgar Morin, als die UNESCO ihn bat zu sagen, worauf es bildungsmäßig im 21. Jahrhundert ankomme, schreibt: «Sich zu verstehen ist entscheidend für die Menschheit geworden. Und deshalb muss es eines der Ziele der Erziehung der Zukunft sein. ... Verstehen kann nicht digitalisiert werden. Erziehen, um Mathematik zu verstehen, ist die eine Sache. Erziehen zum menschlichen Verständnis ist eine andere. Hier finden wir die eigentliche geistige Aufgabe der Erziehung wieder: das Verständnis zwischen den Menschen lehren als Bedingung und Garant für die intellektuelle und moralische Solidarität der Menschheit.»[10]

Es ist eindrucksvoll, dass Morin diesen Gedanken mehr als zehn Jahre vor der weltweiten Migration entwickelt. Wenn heute nach dem UNHCR (2024) 122 Millionen Menschen auf der Flucht sind, und mit jedem Menschen wohl dreißig weitere in engem Kontakt stehen, dann hat an diesem sechzigmillionenfachen Trauma ein Viertel der Menschheit Anteil, nicht für zehn Jahre, nein für eine Generation. Das ist vermutlich nicht anders, als für die sogenannte Nachkriegsgeneration zu deren Lebensgefühl Tod und Vertreibung dazugehören. Morin unterscheidet nun noch zwei Formen des menschlichen Verstehens: die planetarische Dimension, also das Verstehen anderer Völker und deren Kulturen, und das Verstehen der Nahestehenden, das nicht weniger herausfordernd zu sein scheint.

Drei Gründe will ich hier anführen, warum gegenwärtig so viel von Bildung und Erziehung abhängt. Im Grunde sind es drei Aspekte, die unterstreichen, dass Waldorfpädagogik heute nicht primär eine originelle Alternative oder ein Rettungsring für herausfordernde Schüler ist, sondern dass sie die nächste Generation befähigen kann und will, sich in der neuen Welt des 21. Jahrhunderts nicht nur zurechtzufinden, sondern sie auch nach ihren Wünschen zu gestalten.

Es geht um drei Widersprüche, denen man heute überall und fortwährend begegnet. Es sind drei Widersprüche, mit denen man sich nicht bloß arrangieren sollte, sondern die zum Stoff, zur Ressource für den eigenen Lebensentwurf werden können. Dafür ist Bildung, Erziehung zu einer selbstbewussten Persönlichkeit, wie es die Waldorfpädagogik anstrebt, unersetzbar.

Heute ist alles groß und alles klein

Oder anders: Die Welt ist heute komplex und einfach zugleich.

Ein Teilnehmer an meinen Studienreisen ist mit einer Japanerin verheiratet und spricht deshalb fließßend diese so fremde Sprache. Er erzählte mir, dass ihn immer wieder Japaner verständnislos anschauten, wenn er sie in ihrer Muttersprache anspreche. Sie verstünden ihn nicht. Sobald seine Kinder mit ihren leicht asiatischen Gesichtszügen dann sprechen würden, plötzlich verständiges Nicken. Was geschieht hier? Hör- und Gesichtseindruck fallen auseinander, und das ist symptomatisch für die heutige Zeit: Die Dinge, die Erscheinungen verlieren ihre Eindeutigkeit, ihre unmittelbare Zuschreibung. Die Dinge sind nicht nur schwieriger zu lesen, ihre gegenseitige Beziehung ist in einer kommunikativen Welt vielschichtig und mehrdimensional. Die Arbeit im Büro und zu Hause die Familie oder Partnerschaft, Freundeskreise – denn hier gilt meist der Plural – und ein oder zwei Hobbys, Garten, Bücher und ein ganz eigener Medienkonsum und dann das innerseelische Leben: heute ist man nicht in einer, sondern in vielen Welten unterwegs. Und zu all diesen Welten gehören jeweils eigene Menschengemeinschaften, die besondere Seiten in der eigenen Seele hervorbringen. Doch nicht nur in der Seele sitzen diese einzelnen Welten gemeinsam am Tisch, sie spielen auch äußerlich ineinander. Was ich als Vater entscheide, wirkt auf meinen Beruf, welche Weichen man im Berufsleben stellt, spiegelt sich im inneren Leben. Das Leben ist keine Linie, kein Lebenslauf, sondern es ist ein Feld geworden.

Der Philosoph Byul Chul Han beschreibt es in seinem Buch *Der Duft der Zeit*.[11] Der klassische Pfeil als Bild des Fortgangs gelte nicht mehr, weil er immer ein bekanntes Ziel voraussetze. Solch ein Ziel, diese klare Perspektive könne heute aber kaum noch jemand nennen. Han erläutert das so: «Das Beschleunigungsdrama ist ein Phänomen des letzten Jahrhunderts. Es handelt sich insofern um ein Drama, als Beschleunigung von Narration begleitet ist.» Also von einer Erzählung. Der Zeitstrom ist immer ein Prozess, er wird von einer Entwicklung vorangetrieben. Allen Ideologien und Zukunftsversprechen liegt dieser gerichtete Zeitpfeil zugrunde. Es geht immer irgendwo hin. Byung-Chul Han weiter: «Die Entnarrativizierung entdramatisiert den beschleunigten Fortgang zu einem richtungslosen Schwirren.» Der Satz klingt kompliziert, aber er vermag viel zu erklären.

Die Beschleunigung ist, so Han, das Zeitproblem des 20. Jahrhunderts, das Schwirren ist die zeitliche Herausforderung im 21. Jahrhundert. Anstelle eines kontinuierlichen Erzählstroms dominieren heute Momente, Episoden, Projekte und einzelne Begebenheiten – ein Schwirren der Zeit. Das Leben erscheint nicht als geschichtlicher Verlauf, sondern vielmehr als eine Abfolge von Gegenwarten. Es wird kaum mehr als Kontinuum, als fortlaufende Erzählung erfahren, sondern als ein Nebeneinander.

Der Zeitforscher und Schriftsteller Marcel Proust schrieb, dass wir nicht mehr Reisende, sondern Vagabunden sind. Wir wandern nicht von A nach B, sondern sind – mal hier, mal dort – ziellos unterwegs. «Navigieren nach beweglichen Zielen», so heißt das in der Managementsprache. Mit dem Verlust eines klaren Ziels wird das Leben komplex, denn die Orientierung ergibt sich nicht aus einem festen Punkt, vergleichbar einem Leuchtturm am Horizont, sondern vielmehr aus all den aktuellen Ereignissen, in denen man steht. Das Leben wird damit komplexer, weil die Ziele des Handelns nicht vorgegeben sind, sondern sich jeweils neu ergeben. Die gute Nachricht: Mit dem Verlust des Fixpunkts rückt die Gegenwart, das Jetzt, in die Aufmerksamkeit. Es ist die Geistesgegenwart, die Orientierung schenkt und zu neuen Zielen führt. Konkreter: Wer kein Ziel mehr hat, der beginnt sich für die Gegenwart neu und breiter zu interessieren. Das Jetzt zu lieben setzt voraus, dass da kein Ziel mehr den Blick bannt und imaginäre Scheuklappen installiert. Sich so fortwährend von Neuem einzuorden, das macht das Leben natürlich kompliziert.

So richtig es ist, die heutige Zeit als komplex und kompliziert zu benennen, so richtig ist auch das Gegenteil. Was vor zehn Jahren Büro, Werkstatt und Wohnzimmer füllte – Taschenlampe, Fotoalbum, Lupe, Kamera, Diktiergerät, Planetarium, Lexikon, Sprachtrainer, Musikanlage, Fernseher und Telefon –, das versammelt sich heute im handlichen Smartphone und mit jeder App werden seine Eigenschaften reicher. Solche Omnipotenz besitzen sonst nur wir Menschen. Wir bezahlen weltweit mit einer einzigen Karte auf weltweit ähnlich aussehenden Flugplätzen und können online uns jedes Ziel schon aus der Nähe betrachten. Thomas Friedman beschreibt in seinem Buch *Die Welt ist flach*, wie im Informationszeitalter alles mit allem verbunden ist und damit die Welt klein und überschaubar wird.[12]

Zum Heute gehört also, dass es komplex und einfach zugleich ist. Mit diesem Widerspruch zu leben bedeutet, vor der Komplexität nicht zu fliehen. Es bedeutet, trotzdem all die verschlungenen Verhältnisse wie eine interessante Landschaft lieben zu lernen. Wer die Widersprüche aufhebt, der hebt das Leben auf, schrieb Friedrich Hegel in seiner *Wissenschaft der Logik*.[13] Widersprüche seien keine Betriebsunfälle, sondern vielmehr der Stoff der Natur. Sie auflösen zu wollen beseitige die Natur. Die Welt zugleich als groß und als klein verstehen zu können, zugleich als komplex und als einfach, verlangt ein Denken, das sich mit solch einem Widerspruch nicht nur arrangiert, sondern ihn bejaht und nutzbar macht. Wenn also zum Leben die Widersprüchlichkeit gehört, dann muss – im Sinne von Goethes

Ausspruch «Gleiches erkennt Gleiches»[*] – auch das Denken
selbst lebendig sein.

Doch wie lernt man, lebendig zu denken? Jedes Rätsel ist dafür Übung, denn es ruft dazu auf, sich von vertrauten Vorstellungen und Denkmustern zu lösen, will man die Lösung finden. «Trägst du mich, so trag ich dich.» Was ist das? «Tragen»
bedeutet hier einmal sprichwörtliches Tragen und einmal das
Tragen im Sinne von Anziehen: Es sind die Schuhe. Oder ein
wenig schwerer: «Er steht auf einem Bein, was mag das sein?
Er ist ein grüner Tropf und hat das Herz im Kopf.» Hier gilt es,
Bein, Kopf und Herz botanisch zu denken: der Kopfsalat. Oder
schließlich ein Rätsel, dessen Lösung vor 2500 Jahren den Lauf
der Geschichte prägte. «Baut hölzerne Mauern!», rät das Orakel
in Delphi den Athenern, als die übermächtige Streitmacht aus
Persien anrollt. Hölzerne Mauern? Die brennen doch, widersprechen die Athener. Aber der Feldherr Themistokles versteht
den Orakelspruch anders: eine Mauer aus Schiffen, schnellen,
kleinen Schiffen! Alles Weitere ist dann Geschichte – es ließ die
Demokratie gegen die Despotie siegen.

Das Denken wird lebendig, indem dessen Werkzeuge, also
die Begriffe, beweglich werden (eine Mauer kann ein Heer

---

[*] Zu Eckermann am 11. März 1828: «Das Gleiche kann nur vom Gleichen
erkannt werden, und nur ein Fürst, der selber große Fähigkeiten besitzt, wird
wiederum große Fähigkeiten in seinen Untertanen und Dienern gehörig erkennen und schätzen.»

griechischer Trieren sein und ein Herz der Stock im Salat).
Das Was und das Wie kommen in Bewegung. Während Defi-
nitionen einen Begriff festzurren, vermag die Vielfalt an Zu-
gängen ihm Leben einzuhauchen. «Begriffe, die mitwachsen
können, sollte man den Kindern nahebringen», rät Rudolf
Steiner. «Aber alles wächst am Menschen, auch das, was wir
einmal begreifen; daher müssen die Begriffe mit uns weiter
wachsen. Wir müssen also durchaus sehen, dass wir lebendi-
ge Begriffe in das Kind hineinbringen.»[14]

Wenn eine Klassenlehrerin in der 4. Klasse das erste Mal
Brüche behandelt und dabei zur Illustration einen morschen
Holzstab in der Klasse auseinanderbricht, dann nimmt ein
Begriff seinen Anfang. Mit allen Sinnen erfassen die Kinder:
Erst war es ein Stab, jetzt sind es zwei Hälften. Das ist die Sonderung, die in der Religion dann mit der Geschichte von Adam
und Eva auf anderer Ebene ebenfalls erscheint. Das wird man
den Kindern natürlich nicht sagen, im Sinne von: «Das kennt
ihr schon vom Bruchrechnen», sondern man vertraut darauf,
dass die Schüler und Schülerinnen hier den Zusammenhang
unbewusst spüren. Sie empfinden die Bezüge und gewinnen
das Vertrauen, dass es bei aller Komplexität doch Prinzipien,
doch eine Einheit gibt. Wenig später werden in der Heimat-
kunde die verschiedenen Berufe behandelt; jetzt geht es also
um die Teilung der Arbeit. Und bei der Tierkunde, bei Adler,
Kuh und Löwe, geht es um die seelische Verschiedenheit.

All das geschieht im Alter von neun bis zehn Jahren – einem Alter, in dem sich ganz natürlich im Heranwachsenden das Gefühl der Trennung und Einsamkeit meldet. Der Begriff «Bruch» klebt dann nicht am Rechnen, weil er sich den Schülern in vielen Facetten des Lebens gezeigt hat. Wenn in der 11. Klasse Parzival im großen Mythos sich von den alten Ritterregeln befreien muss, klingt jetzt all das, was als Bruch, als Sonderung sieben Jahre zuvor gefühlt wurde, im Bewusstsein intellektuell auf. So können Begriffe und Ideen mit dem leiblichen Wachstum ebenfalls wachsen.

Doch nicht nur die Begriffe selbst, auch der Weg zur Lösung sollte lebendig und beweglich sein. Wer ein Kind fragt: «Was ist 3 + 5?», bekommt «8» als Antwort und sieht ein zufriedenes Gesicht. Ein frühes Erlebnis geistiger Souveränität – aber es hat seinen Preis. Mit jeder weiteren solchen Aufgabe festigt sich im Kind die Überzeugung, dass es eben nur diese eine richtige Antwort gibt. Wer sie findet, ist der Sieger, wer danebenliegt, ist Verlierer. Wem daran liegt, dass die Schülerinnen und Schüler ein lebendiges Denken entwickeln, der wird anders fragen, etwa: «Was könnte 8 sein?» Die Kinder werden antworten: «2 + 6», aber auch «3 + 5» oder «7 + 1».

Schon in der 1. Klasse lernen Kinder an der Waldorfschule, dass viele Wege nach Rom führen. Wie im Leben sollte es auch im Unterricht verschiedene Antworten auf eine Frage geben dürfen. So wird das Denken lebendig, wenn im Kind die Überzeugung wächst: «Es gibt immer mehrere Lösungen!» Zugleich fühlen die Schüler, dass sie nicht einem Diktat unterworfen sind, die richtige Lösung zu finden, vielmehr erleben sie die eigene Fantasie. Auch das gehört zu einem lebendigen Denken, dass es immer nahe der Fantasie und Imaginationsfähigkeit bleibt, denn das bedeutet die Bereitschaft, im Denken auch Neuland betreten zu wollen und zu können.

Heute ist alles kalt und alles warm

Oder anders: Die Welt ist heute virtuell und beseelt zugleich.

In Basel war ich für einen Vortrag über Anthroposophie in die Theologische Fakultät eingeladen. Nach vielen Jahren wieder in einem Vorlesungssaal, war ich überrascht, von den meisten Studierenden lediglich Augen, Ohren und Haare zu sehen, alles Tieferliegende war dagegen vom aufgeklappten Display der Notebooks verdeckt. Nicht weniger eindrucksvoll ist das Bild der vielen Smartphones in Zug und U-Bahn. 3,25 Stunden pro Tag sei die durchschnittliche Nutzungsdauer, so die amerikanische Studie von 2016. Eine andere Zahl: Ein Drittel der Partnerschaften wird heute über das Internet angebahnt. Wobei: Mit den internetbasierten Freundschaften feiere beispielsweise der Liebesbrief eine Renaissance.

Auf jeden Fall spielt sich heute nicht nur die Kommunika-

tion, sondern zunehmend auch der Handel, Millionen Tauschgeschäfte sowie Freundschaften und tausend andere Dinge
online ab. 2019, dem Erscheinungsjahr dieses Buches, scheint
eine solche Stundenmessung nicht mehr sinnvoll zu sein,
sondern vielmehr umgekehrt die Frage, wie viele Stunden
man offline ist. *Analog ist das neue Bio*, lautet entsprechend
der Titel eines Buches über Internetabstinenz.[15]

Wenn eine Mahlzeit abgelichtet und anschließend gepostet wird, dann scheinen sich dabei die Verhältnisse umgekehrt zu haben. Man macht keinen Ausflug mehr ins Netz,
sondern berichtet aus seiner virtuellen Existenz vielmehr von
einem Ausflug in die Wirklichkeit. Vielleicht ertappt man
sich selbst dabei, erst auf die Wetter-App zu schauen, um zu
wissen, was man anzieht, und anschließend mit einem Blick
durchs Fenster sich bestätigen zu lassen, ob die Information
auf dem Handy denn zutrifft. Der Realitätsabgleich, so Robin
Schmidt, kehre sich um.[16]

Bevor man hier einen Abgesang auf die «alte» Wirklichkeit
anstimmt, lohnt es sich zu bedenken, dass auch das Gegenteil
zum 21. Jahrhundert und zu dessen Zauber gehört. Denn so
wie es wahr ist, dass sich heute das Leben zu einem beträchtlichen Teil im Virtuellen abspielt, ist es auch nicht zu leugnen,
dass das Leben weitaus seelischer geworden ist. Vor ein paar
Jahren fuhr ich im ICE-Zug. Ein Schaffner betrat das Großraumabteil, doch anstatt «Die Tickets!» auszurufen, flog sein

Blick auf die Lektüre des ersten Fahrgastes, und er las laut den Buchrücken. «Thomas Mann: *Der Zauberberg* – das passt zu Ihnen!»

Das hatten einige im Abteil gehört und fragten sich wohl, wie bei ihnen der dienstliche Kommentar ausfallen wird. Es war nur eine kurze Formulierung, und doch vermochte sie das Großraumabteil in ein Literaturcafé zu verwandeln.

Zwischen uns Menschen ist kaum mehr der bürgerliche Airbag, der einen vor dreißig Jahren frösteln ließ. Heute ist eine echte Begegnung von Mensch zu Mensch viel leichter möglich. Die Geschäfte machen es vor, indem die Kunden per Du angesprochen werden. Während noch vor wenigen Jahren das Du ins Kumpelhafte glitt, fällt es mittlerweile den meisten leicht, auch in der Nähe eine Distanz aufrechtzuerhalten. Deshalb wird vermutlich schon bald das klassische «Sie» aus dem Wortschatz verschwinden, wie vielleicht vor einem halben Jahrhundert das «Fräulein».

11. Klasse, Mathematik, Differenzialrechnung: Ein Schüler soll an der Tafel die Steigung einer Funktion berechnen und weiß nicht weiter. Da ruft eine Schülerin ihm zu: «Frank, du schaffst das – wir lieben dich!» Was vor vielleicht dreißig Jahren peinlich, ja unaussprechlich gewesen wäre, kommt heute den Jugendlichen so leichtfüßig über die Lippen, dass es der Schüler vorne aufnehmen konnte, ohne einen roten Kopf zu bekommen. Das ist neu.

Unvermittelt kann heute durch ein entspanntes Wort, eine freundliche Geste selbst eine flüchtige Begegnung einen seelischen Raum öffnen. Ein Beispiel, das die ehemalige Drogenbeauftragte für Waldorfschulen, Felicitas Vogt, erzählte: Als sie an einer Fußgängerampel wartete, habe neben ihr ein Mädchen mit einigen Piercings gestanden. «Warum hast du die?», habe sie gefragt und das Mädchen daraufhin geantwortet: «Hättest du mich sonst angesprochen?» Dann sei die Ampel auf Grün gesprungen und das Mädchen davongesprungen.

Es lohnt sich auch, alte Nachrichtensendungen anzuschauen, um sich zu erinnern, wie steif und formal das Miteinander vor fünfundzwanzig Jahren noch war.

Die Türen zum anderen Menschen stehen heute offen. Wer von anderen Schicksalen weiß, wer dem nachgegangen ist, wie andere denken, fühlen und schließlich handeln – nichts anderes ist Bildung –, der wird diese Gelegenheit neuer Nähe nutzen. Vor dem Dialog steht der Monolog. Wer also gelernt hat, sich selbst etwas zu sagen, sich selbst zuzuhören und sich selbst über die Schulter zu schauen – auch das ist Bildung –, wird aus diesem neuen Feld einen fruchtbaren Boden machen können. Bildung verleiht die innere Kraft, auch dann sein Einfühlungsvermögen und seinen Respekt dem Fremden gegenüber zu entwickeln, wenn man ihn nicht leibhaftig vor sich hat. Umgekehrt ermöglicht die innere Bildung der Seele, dass das Persönliche und Intime zugleich objektive Züge gewinnt.

Bodo von Plato schrieb ein interessantes Essay über die Ethik der Beziehung. Darin entwickelt er den aufregenden Gedanken, dass es heute in einer Partnerschaft nicht mehr darum gehe, die Fremdheit zu überwinden, sondern sie vielmehr gegenseitig zu objektivieren, sie zu «hüten».[17]

Was ist damit gemeint? Ging es am Anfang des 20. Jahrhunderts der Arbeiterbewegung um Frauenwahlrecht und Selbstbefreiung, hieß am Ende des letzten Jahrhunderts das Zauberwort «Selbstfindung». Im neuen Jahrhundert folgt ein weiterer Schritt: Heute scheint es immer weniger darum zu gehen, ein schon existierendes Selbst zu finden, sondern vielmehr es zu «erfinden». In seinem Roman *Der Mann ohne Eigenschaften* hat Robert Musil Mitte des 20. Jahrhunderts diese neue Stufe der Persönlichkeitsbildung gezeichnet. Sich selbst so hervorzubringen und darauf zu verzichten, sich selbst finden zu wollen, als könne man damit die Sache abschließen, bedeutet, der Welt fremd zu bleiben. In diesem Sinne, so Bodo von Plato, könne auch der andere Mensch, so nahe er einem auch stehen mag, einen aus dieser Fremdheit nicht erlösen, wohl aber dazu beitragen, dass man mit dieser Fremdheit Frieden schließt und schließlich sie sogar zu lieben lernt.

In diesem Sinne erzählte mir der Mathematiker Georg Unger an seinem neunzigsten Geburtstag von seiner Ehe; er war damals siebzig Jahre mit seiner Frau Ruth Unger-Palmer verheiratet: «Am Anfang waren wir uns fremd, nach dreißig

Jahren wurden wir uns zum Rätsel, nach sechzig Jahren wurden wir uns zum Mysterium.» Die Verschiedenheit wird nicht
überwunden oder sogar nivelliert, sondern vielmehr geadelt.

In einer digitalen Kultur erweitert sich dabei das Einfühlungsvermögen in den virtuellen Raum, jenseits der unmittelbaren Begegnung. Seelische Präsenz und Einfühlungsvermögen im virtuellen Medium und Objektivität in der
unmittelbaren seelischen Begegnung, das ist heute für die ge-
schulte Seele möglich. Wer wie an einer Waldorfschule schon
in der Mittelstufe lernt, auf der Bühne in Rollen zu schlüpfen,
sich andere Charaktere und Physiognomien zu eigen zu machen, und in der Oberstufe dann ein großes Bühnenstück in-
szeniert, dem wird es vermutlich leichter fallen, die Darstel-
lungskraft und die Elastizität zu entwickeln, die notwendig
sind, damit die eigene Persönlichkeit beim Gebrauch eines
technischen Mediums nicht verloren geht, sondern sich sogar
befreien kann.

Goethe beschreibt diese Spanne zwischen Seele und Technik in seinem Roman *Wilhelm Meister*: Beim Besuch einer
Sternwarte bietet der Astronom dem Protagonisten den Blick
zu den Sternen an. Doch Wilhelm schreckt zurück, weil er
sich nicht souverän und kräftig genug sieht, dieser Steigerung der Sinne innerlich folgen zu können. Natürlich ist in
den zweihundert Jahren die Fähigkeit, unbeschadet mit der
Technik eine Ehe einzugehen, enorm gewachsen. Aber nicht

weniger sind die Verführungskraft und die Dienstbarkeit der technischen Hilfen gewachsen. Deshalb bleibt die Frage aktuell, ob die Apparate und Geräte Fesseln oder Flügel bedeuten.[*]

Heute ist alles fern und alles nah

Oder anders: Die Welt ist heute global und persönlich zugleich.

Während der Reise zur Sonnenfinsternis 2009 nach Hangzhou, dem Miami von China, stand ich mit der chinesischen Reiseführerin über eine Weltkarte gebeugt. Ihr Blick wanderte über Europa, und da stieß sie einen Schrei aus. Mit dem Finger fuhr sie über die Alpen und die Pyrenäen, dann die zerfurchten Küstenlinien Europas entlang. «Innen sind überall Grenzen, und außen ist alles offen», sagte sie. «In China ist es genau umgekehrt.»

Tatsächlich hat China mit Himalaya, Wüste Gobi und

---

[*] Johann Wolfgang Goethe, *Wilhelm Meisters Wanderjahre*, 17. Kapitel: «Wer durch Brillen sieht, hält sich für klüger, als er ist, denn sein äußerer Sinn wird dadurch mit seiner innern Urteilsfähigkeit außer Gleichgewicht gesetzt; es gehört eine höhere Kultur dazu, deren nur vorzügliche Menschen fähig sind, ihr Inneres, Wahres mit diesem von außen herangerückten Falschen einigermaßen auszugleichen. Sooft ich durch eine Brille sehe, bin ich ein anderer Mensch und gefalle mir selbst nicht; ich sehe mehr, als ich sehen sollte, die schärfer gesehene Welt harmoniert nicht mit meinem Innern, und ich lege die Gläser geschwind wieder weg, wenn meine Neugierde, wie dieses oder jenes in der Ferne beschaffen sein möchte, befriedigt ist.»

Chinesischem Meer außen seine Barrieren, und innen ist alles geöffnet. So sieht eine Einheit aus, während in Europa mit seinen heute 48 Nationen – mehr als auf jedem anderen Kontinent – innen alles vielfältig gegliedert ist und nach außen sich zu allen Seiten hin öffnet. Kein Wunder, ergänzte die Reiseführerin, dass Europa auf alle Meere fuhr und alle Kontinente kolonisierte.

Was Europa in seiner Vielfalt, seinem Nebeneinander verschiedener Völker und Kulturen, seinem Miteinander von Christentum, Judentum und Islam in die Wiege gelegt ist, heute gilt es für die ganze Welt. Mit Recht fordert Edgar Morin, in seinen sieben Fundamenten für eine Erziehung im 21. Jahrhundert, das Verstehen des Fremden als ein Kernfach einzurichten. «So wie jeder Punkt eines Hologramms die Information des Ganzen, zu dem er gehört, enthält, so nimmt jedes Individuum die Informationen und Substanzen, die aus dem ganzen Universum kommen, in sich auf und konsumiert sie.»[18]

Es wäre ein schönes Experiment für die Schule, wenn man von Schuhen, Hemd und Hose, Uhr und Handy herausbekäme, in welchem Winkel der Erde und von welchen Händen sie gefertigt wurden und welche Rohstoffe dafür von ganz anderen Enden der Erde zusammengetragen wurden. Man würde sehen, dass man den ganzen Erdball mit sich trägt. Nicht anders ist es mit dem Essen: Avocado aus Afrika, Kaffee aus Costa Rica und Mais aus den USA. Nicht anders ist es mit dem, was durch die

Seele zieht: ein Erdbeben in Pakistan, eine Wahl in Brasilien.
Europa auf der Sonnenseite und so viele Länder im Elend. Die
Globalisierung hat nach einem Jahrhundert des Handels nun
das Innenleben erreicht. Dass es einen Zusammenhang gibt,
sich als freie Persönlichkeit zu verstehen und diese große Welt
im Bewusstsein zu tragen, das scheint für eine heranwachsende Generation immer selbstverständlicher zu werden.

Reisen zu Sonnenfinsternissen von der Mongolei bis
zur Osterinsel haben mir zur Gewissheit werden lassen: Die
Menschheit ist überall auf Augenhöhe. Es gibt keine «führen-
de», keine rückständige Kultur mehr, sondern eine Vielfalt
der Kulturen und Religionen, die sich gegenseitig unendlich
bereichern können. Dabei wird es wohl zu den Aufgaben der
kommenden Generationen gehören, die Ungerechtigkeit des
Nordens gegenüber dem Süden, seine Ausbeutung zu überwinden. Der Soziologe Harald Welzer beschreibt es in seinem
Buch *Klimakriege*[19] drastisch. Die kommende Generation wird
wegen des Klimawandels nicht mehr die Party des 20. Jahrhunderts weiterfeiern können, sie wird aber auch nicht die
Früchte ernten können, die aus ihrem verantwortungsvollen
Handeln später wachsen werden.

Es geht also mehr und mehr darum, sich als Weltbürger zu
begreifen. Dass dabei Selbstbewusstsein und Weltbürgertum
zwei Seiten einer Medaille sind, das zeichnet beispielsweise
Jeremy Rifkin in seiner Studie *Die empathische Zivilisation*.

Wege zu einem globalen Bewusstsein. «Wer sich seiner selbst sicher ist und sein eigenes Schicksal in die Hand nehmen kann, der wird aller Wahrscheinlichkeit nach weniger Angst vor anderen haben und Menschen außerhalb der Familie weniger als Bedrohung empfinden.»[20]

Der gegenwärtig wachsende Nationalismus und die Ablehnung kultureller Vielfalt unterstreichen diese Beobachtung. Es geht um die Entwicklung des freien, selbstständigen Individuums, das sich von nichts um seiner selbst willen absetzen muss. Diesen scheinbaren Gegensatz als Einheit begreifen zu lernen, dass man umso mehr seine Identität findet und bildet, je mehr man zum Dialog mit anderen Prägungen und Kulturen in der Lage ist, das ist eine der Aufgaben heutiger Bildungsarbeit.

Dabei wenden sich in einer digitalen Kultur die Verhältnisse in mehrerlei Hinsicht um, weshalb mit Recht von einer digitalen Revolution gesprochen wird. Es gibt nicht wenige Stimmen, die den Wandel der Gesellschaft in den nächsten fünfundzwanzig Jahren mit den Veränderungen der industriellen Revolution vor etwa zweihundert Jahren vergleichen und die sich nun abzeichnende Transformation zudem in eine Linie mit der neolithischen Revolution – dem Übergang von der Hirten- und Nomadenkultur zu einer Ackerbau- und schließlich einer Stadtkultur – stellen:[21] drei Felder der Umstülpung.

Künstler sein und vielleicht Schafe in der Provence züchten, das gehörte im 20. Jahrhundert zu den Klischees idealer
Lebensentwürfe. Je unabhängiger und ungebundener das eigene Leben war, desto größer empfand man dessen Freiheits-
grad und damit dessen Wert. Selbstfindung durch Selbstbefreiung, dieses Credo wirkt heute, in einer Zeit zunehmender
Entgrenzung, wie ein Ruf aus ferner Vergangenheit. Um zu
sich zu kommen, um sich entfalten zu können, müssen heute
keine Fesseln gesprengt, keine Strukturen überwunden werden. Es ist vielmehr umgekehrt: Im digitalen Zeitalter, einer
Zeit des «anything goes», feiert die Gesellschaft überall ihre
Entgrenzung, ist das Multi-Optionale nicht mehr die Verhei-
ßung eines befreiten Lebens, sondern eher die Bedrohung
eines gehaltlosen Lebens. Der französische Philosoph Jean
Baudrillard nennt das Internet und seine Endgeräte deshalb
«Junggesellenmaschinen», weil zur digitalen Atmosphäre der
«do»-and-«undo»-Modus gehört, wo jeder Schritt des Lebens
wie der Tastenschlag auf dem Bildschirm wieder rückgängig
gemacht werden kann.[22]

Es überrascht deshalb nicht, dass heute, wie schon aus der
17. Shell-Jugendstudie zitiert (siehe Seite 19), Freundschaft,
Familie und Partnerschaft als die wichtigsten Güter empfunden werden, also Lebensfelder, in denen man sich in eine Bindung begibt, deren Halt und Sicherheit dann aber die Freiheit
steigern kann.

Ein drittes Feld ist das Verhältnis zum eigenen Körper und zur Welt. Personalisierte Nachrichten und interessenbezogene Werbung führen im Netz dazu, dass man in seiner digitalen Existenz immer mehr sich selbst begegnet, seinen eigenen Interessen, eigenen Anschauungen. Die Welt wird zum Selbst. Umgekehrt erscheint das Verhältnis zum eigenen Körper. Wenn mit Apps im Sport der Puls überwacht wird, Fettanteil im Gewebe gemessen wird und in hundert Selfies man sich selbst ablichtet, dann wird der eigene Körper zum Objekt, zum Gegenüber.

Im 20. Jahrhundert bedeutete eine spirituelle Schulung, sich von seinen körperlichen Bedingungen zu befreien. Ob durch Fasten oder inneren Rückzug, galt es, die Grenzen zu überwinden, die der Leib mit seinen Sinnen und organischen Vorgängen aufstellt. Heute leistet das die digitale Kultur auf technischer Ebene, sodass gegenwärtig zur Entfaltung eines inneren Lebens vielmehr gehört, zu ursprünglichen Körpererfahrungen und Erlebnissen der sinnlichen Welt zu kommen. Das beginnt im Kindergarten beim Spielzeug, das am besten aus vielfältigen Steinen und Hölzern statt aus genormten Legobausteinen besteht, geht über Schulfächer wie Gartenbau, Schmieden und Sport bis zu den anspruchsvollen künstlerischen Arbeiten in der Oberstufe von Theater, Musik, Bewegung und Malerei.

Die sieben Kernpunkte der Waldorfpädagogik

1. Es geht um den ganzen Menschen

«*Homo complexus: Der Mensch ist ein vernünftiges und unvernünftiges Wesen, fähig zum Maß und Übermaß ...,* *er lacht, weint, aber er kann auch objektiv erkennen; er ist* *ein ernstes und kalkulierendes Wesen, aber auch ängst-* *lich, genießerisch, trunken, ekstatisch, er ist ein Wesen der* *Gewalt und der Zärtlichkeit, der Liebe und des Hasses, er ist* *ein Wesen, das vom Imaginären überschwemmt ist und das* *Reale erkennen kann, das um den Tod weiß und daran nicht* *glauben kann, das den Mythos und die Magie hervorbringt,* *aber auch die Wissenschaft und die Philosophie, das von Göt-* *tern und Ideen besessen ist, das aber auch an Göttern zweifelt* *und Ideen kritisiert.*»[23]*

Edgar Morin

Warum sind die Erinnerungen von der Schulbank oft die schönsten, die reichsten Erinnerungen, selbst wenn andere Lebenszeiten harmonisch verlaufen sind? Und umgekehrt: Warum ziehen Schmerz und Zurücksetzung in dieser Zeit oft eine solch starke Verletzung nach sich? Ich vermute, weil es damals nur um das Menschliche ging. Da zählte nicht Reichtum, nicht Rang, nicht links oder rechts, oben oder unten, sondern nur dieser urmenschliche Drang: die Welt und damit sich selbst kennen und verstehen zu lernen. Auf keinem Feld des Lebens geht es deshalb so sehr um den Menschen – mit all dem, was ihn ausmacht – wie in der Pädagogik.

«Ich frage bei einer Klassenarbeit die Schüler auch, was sie auf diesem oder jenem Gebiet nicht wissen», erzählte mir eine Waldorflehrerin. Wenn sie dabei eine nachvollziehbare Antwort gäben, so hätten sie einen Punkt verdient, eine bessere Zensur, sagte sie. Man müsse doch seine Fehler, seine Lücken kennen. Eine andere Lehrerin hatte ich gebeten, bei der tagtäglichen Begrüßung der hereinstolpernden Schülerinnen und Schüler mit obligatorischem Handschlag doch einmal die Augen zu schließen und zu erraten, wen sie jeweils vor sich hatte. Also standen die Drittklässler mit großen Augen und angehaltenem Atem vor ihrer Lehrerin, und mit wenigen Ausnahmen wusste sie all die Namen zu sagen, allein vom Händedruck. Könnte es nicht sein, dass von der Art des Händedrucks – wie man konkret und sprichwörtlich zugreift – oft mehr zu erfahren ist als aus Prüfungen und Tests?

Wenn an Waldorfschulen vom lebenslangen Lernen der Lehrer die Rede ist, dann hat dieses Credo zwei Triebfedern: Sieben oder acht Jahre unterrichtet der Klassenlehrer die meisten Fächer, sodass er nicht aus einer alten Profession schöpft wie

mancher Fachlehrer, sondern sich fortwährend die wechseln-
den Fächer von Geologie über Tier- und Pflanzenkunde zu Geschichte, Mathematik und Deutsch von Neuem aneignen muss.
Wie die Schüler ist er selbst auch ein Lernender. Zum Zweiten
geht es in den wöchentlichen Konferenzen und jährlichen Ta-
gungen darum, sich immer wieder neu zu vergewissern, den
Menschen als ganzen Menschen fassen zu lernen. Es geht um
den Menschen, den ganzen Menschen. Was er denkt, fühlt und
will, was er weiß, glaubt und fürchtet und hofft. Menschen sind
wie die Sonne. Bei der Sonne ist ihr äußeres, ihr sichtbares Licht
so grandios, dass es alle inneren, stilleren und verborgenen Seiten der Sonne, von denen die Religionen erzählen, überstrahlt
und so verbirgt. Die Sonne verhüllt sich durch ihre Helligkeit;
so ist es auch mit uns Menschen.

«Einen Menschen soll man nicht danach beurteilen, was
er weiß, sondern was er liebt.» Dieses Zitat wird dem Kirchen-
lehrer Augustinus zugeschrieben, auch wenn es sich wörtlich
so nicht in seinem Werk finden lässt, wie mir Prof. Dr. Christof
Müller vom Zentrum der Augustinus-Forschung versicherte.[*]
Das sind einzelne Pinselstriche für dieses große Wort, dass es
um den ganzen Menschen geht.

---

[*] Augustins Predigt 354, Paragraph 6: «Ergo amate scientiam, sed antepo-
nite caritatem. scientia si sola sit, inflat. quia uero caritas aedificat [1 Cor 8,1],
non permittit scientiam inflari.» («Das Wissen bläht auf, während die Liebe
dazu führt, dass das Wissen seinen zweiten Rang einnimmt.»)

Weil die Handlungen des Lehrers – also das, was er tut oder unterlässt – sich aus seinem Gefühl ergeben und dieses wiederum sich aus seinen Gedanken entwickelt, sind die Ideen und Vorstellungen wichtig, was dieser ganze Mensch, den man unterrichtet, denn ist. Oder anders: Die Schülerinnen und Schüler werden zu einem nicht geringen Teil zu dem, was man als Lehrer von ihnen hält. Wer erziehen und unterrichten will, wird immer wieder auf die Frage gelenkt: «Was ist der Mensch?»

Der am Kapitelanfang zitierte Hymnus von Edgar Morin auf die Widersprüchlichkeit von uns Menschen lässt ahnen, wie schwer die Frage zu beantworten ist. Es ist vielleicht die größte Frage, die man stellen kann und die in den vergangenen Jahrhunderten und -tausenden von den Mythen und spirituellen Erzählungen der Völker und Religionen beantwortet wurde. Der Soziologe Max Weber prägte Anfang des 20. Jahrhunderts das Wort von der «Entzauberung der Welt» und führte aus, dass Rationalität und Intellektualität diesen mythischen Weltzugang verschließen und damit dem Leben seinen Zauber, seine mythische Dimension nehmen.[24] Also ist jetzt die Naturwissenschaft am Zug, doch ihr scheinen die Mittel zu fehlen, um zu sagen, was der ganze Mensch ist. Die jährlichen Touristenströme zu den antiken Heiligtümern, nach Gizeh, Delphi oder Epidauros, sind nicht selten vom Wunsch beseelt, auf diese Frage eine Antwort zu bekommen, und tatsächlich scheinen die Reste der Reste dieser alten Kulturen, diese stummen Altertümer manchmal mehr über die Natur des Menschen auszusagen als manche heutige Erziehungswissenschaft. Alle großartige Rationalität und alle empirische Erkenntnis haben die mythische und magische Seite des Menschen nicht ersetzen können.

Es geht, wie Jürgen Habermas in seiner viel beachteten Rede zum Friedenspreis des Deutschen Buchhandels 2001 beschrieb, bei den großen Fragen, um das Miteinander von rationaler und spiritueller, religiöser Weltsicht. Dabei müsse jede Seite der anderen helfen, deren Grenze ihres Erkennen-Könnens aufzuzeigen.[25] Zu dieser wechselseitigen Anerkennung sind noch einige Schritte zu gehen. Der rationale, reduzierte Blick auf den Menschen, der die Seele allein in Synapsen und Dendriten suchen will, erinnert an den Mann, der unter einer Straßenlaterne gebeugt zu Boden blickt und von einem weiteren Fußgänger gefragt wird, was er denn mache. «Den Schlüssel suchen», so die Antwort. «Und hier haben Sie ihn verloren?», lautet die Rückfrage. Da zeigt der Mann zur anderen, dunklen Straßenseite. «Nein, dort drüben – aber hier ist Licht.»

Das Beispiel ist recht simpel, aber treffend. Es geschieht allzu oft, dass man nur dort Antworten sucht, wo das Licht des Alltagsbewusstseins hinragt. Jede Klassenarbeit ist solch eine Suche im Licht und nicht dort, wo die verborgenen Fähigkeiten der Kinder und Jugendlichen liegen. Welches Leid haben

Generationen von Schülern erleben müssen, weil sie zu lesen und zu hören bekamen, was für angeblich «schlechte» Schüler sie seien. Dabei ist es nur ein kleiner Ausschnitt der menschlichen Fähigkeiten, den die Klassenarbeiten abbilden können.

Der entscheidende Schritt, um zum ganzen Menschen zu kommen, besteht darin, unbefangen anzuerkennen, dass in jedem Menschen drei Menschen stecken, die doch wieder nur einen Menschen ausmachen. Der eine ist klug, der andere gütig und der dritte stark. Der eine hat einen Kopf, der andere ein Herz und der dritte hat Muskeln. In manchen Märchen werden daraus dann tatsächlich drei Schwestern oder drei Brüder. Als meine Frau und ich das dritte Kind bekamen, kommentierte es ein befreundeter Physiker so: «Jetzt hast du das Dreikörperproblem!» Damit spielte er darauf an, dass sich die Beziehungen, die drei Kräfte aufeinander ausüben, nicht berechnen lassen, so komplex ist das wechselseitige Spiel. So ist es auch mit den drei Kräften der Seele, die doch eine Persönlichkeit ausmachen.

Was führt zur Vermutung, dass jemand die Unwahrheit spricht? Am Psychologischen Institut in Heidelberg unternahm Prof. Klaus Fiedler dazu eine Lügenstudie, um zu prüfen, ob beim Lügen tatsächlich (wie oft vermutet) Gestik, Puls und die Zahl der Versprecher zunehmen. Dabei sollten Versuchspersonen Begeisterung für einen vorgeführten Film äußern oder auch nur vortäuschen. Die Beobachtung: Die Gesten verschwinden, dafür berührt man sich häufiger, indem man über das Gesicht fährt oder die Lippe knetet. Vor allem der Kopf wird unbeweglich. Die Körpersprache verschwindet beinahe vollständig. Keine Gestik, kaum Mimik. «Lügen haben kurze Beine» oder im Englischen «Lies have short wings» ist anders gemeint, kann aber wörtlich genommen werden. Die Beine, die Flügel, also die Gliedmaßen, können nicht lügen. Weil man wohl spürt, dass man mit Bein und Hand die Wahrheit offenbart, unterdrückt man bei Lügengeschichten die Bewegung. Lügen haben also sprichwörtlich kurze Beine.

Als in einer amerikanischen Klinik für Nervenkranke im Fernsehen die Übertragung einer Rede des damaligen US-Präsidenten Ronald Reagan angeschaut wurde, gab es ein seltsames Schauspiel: Trotz der eindringlichen Worte des Staatsoberhauptes begannen viele Patienten laut zu lachen. Der britische Neurologe Oliver Sacks klärt den Vorfall auf: Die sich amüsierenden Patienten litten unter Aphasie, einer Krankheit, bei der man die Fähigkeit verliert, den Sinn der Sprache zu erfassen. Man hört die Stimme, kann die Information aber nicht verstehen, sehr wohl aber Klang und Melodie der Sprache. Nun erlebten die Aphasiker, wie bei Reagan – er war früher Schauspieler gewesen – Sprache und Gestik auseinanderfielen. Ohne vom Sinn der Worte aufs Glatteis geführt zu werden, offenbarte sich für die Aphasiker in Körpersprache und Sprachmelodie die Unwahrhaftigkeit in der geschulten

Rhetorik, während gesunde Zuschauer, von den großen Worten beeindruckt, die Widersprüche nicht bemerken. An solch
einem Beispiel wird deutlich, dass die Persönlichkeit keine
Einheit ist, sondern mit ihrer Fähigkeit, zu denken, zu erleben
und zu handeln, wie drei Pferde eines Gespanns in verschiedene Richtung laufen kann.

Dass jeder Mensch diese drei Seiten des Handelns, Fühlens
und Erkennens in sich trägt, kann man nun wieder mit Kopf,
Herz oder Hand aufnehmen. Der Kopf sagt: «Das kenn ich, das
sind Denken, Fühlen und Wollen.» Damit ist die Sache beendet.

Das Herz vermag zu empfinden, wie fundamental verschieden die drei Glieder sind und was möglich wird, wenn sie
an einem Strang ziehen, bzw. welche Verwirrung in der Seele
entsteht, wenn man anders denkt, als man fühlt und handelt.
Vielleicht wird sich das Herz an die griechischen und ägyptischen Sphinx-Darstellungen erinnern. In diesen Mischwesen
ist diese Dreigliederung steingewordene Psychologie, denn
da ist der Rumpf eines Stiers mit Tatzen eines Löwen und Flügeln eines Adlers, nur das Antlitz ist rein menschlich. Hier
werden diese drei Seiten der Seele in ihrer jeweiligen Tiergestalt deutlich. Das menschliche Antlitz, das wie in Gizeh vor
den Pyramiden darüber thront, repräsentiert die Fähigkeit,
Stier, Adler und Löwe in Übereinstimmung zu bringen.

Jetzt fehlt noch der Muskelmensch – wie nimmt er diese
Tatsache? Er vermag jeweils die Kraft zu spüren, die von Kopf,

Herz und Muskeln ausgeht. Er versetzt sich in den Kopf und spürt, wie reglos und leblos diese Gedankenwelt ist, er spürt die Rhythmen von Herz und Atmung, als den fühlenden Menschen, und spürt die Kraft in den Muskeln, wo dafür kein Gedanke, kein Bewusstsein ist.

Was heißt das jetzt für die Schule? Ein Beispiel aus dem Rechenunterricht. In der ersten und zweiten Klasse lernen die Kinder die Subtraktion. Die Lehrerin hat zwei Kinder vor sich. Dem einen, eher quirligen Schopf erzählt sie: «12 Brötchen holt Kevin vom Bäcker. In der Tüte ist aber ein Loch, gerade so groß wie die Brötchen, sodass immer, wenn er über die Straße läuft und auf den Gehweg springt, ein Brötchen herauskullert. Zu Hause holt er 5 Brötchen aus der Tüte. Wie viele gingen also verloren?»

Seine etwas ernstere Nachbarin bekommt Folgendes zu hören: Ein König kehrt mit 12 Getreuen zurück in sein Königreich. Das Floß am Fluss kann nur 5 seiner Freunde aufnehmen. Wie viele müssen in der Fremde zurückbleiben? Mathematisch sind die Aufgaben gleich, aber das erste Kind mit sanguinischem Temperament fühlt jedes Ereignis mit, wenn ein Brot herausspringt, es sieht jedes Brötchen über die Straße kullern. Es rechnet mit dem Kopf, und das Herz nimmt Anteil. Das melancholisch gestimmte Mädchen ist besonders dann engagiert, wenn es um Einfühlungsvermögen und Mitleid geht. Deshalb wählt die Lehrerin hier eine Aufgabe, die ihrem

Temperament entgegenkommt. Nicht nur der Kopf, auch das Empfindungsleben nimmt an den Rechenaufgaben teil. Vor allem in der Unterstufe ist es wichtig, alle drei Felder der Seele anzusprechen.

Im Porträt der Lehrerin Christiane Hewel (siehe S. 129ff.) beschreibe ich, wie sie die Viererzahlenreiche mit den Kindern eingeübt hat. Zuerst laufen die Schülerinnen und Schüler um die Tische im Kreis, jedes Kind hat einen Ball in der Hand. Alle zählen die gemeinsamen Schritte, und bei jedem vierten Mal wird der Ball auf den Boden aufgetrumpft. Eins, zwei, drei, *vier*, fünf, sechs, sieben, *acht* und so weiter. So kommt die Viererreihe in die Glieder. Wenig später haben die Kinder ein Holzbrett mit zehn eingeschlagenen Nägeln im Kreis. Jetzt verknüpfen sie jeden vierten Nagel miteinander.

Wiederum geschieht das Rechnen hier mit dem Willen, aber nun nicht mehr zeitlich, sondern räumlich. Dabei entsteht auf dem Brett, welch eine Überraschung, ein Fünfstern. Dann wird es gemalt und schließlich die Viererreihe aufgeschrieben. Am Schluss folgen Übungen für den Kopf, etwa: «Wer kann eine Zahl der Viererreihe sagen?»

Innerhalb einer Schulstunde ging es durch alle drei Glieder des Seelenlebens: Tun, Fühlen, Denken. Jedes Kind wird in diesen Rechenaufgaben, die mal den Willen, mal durch das Bildnerische mehr das Gefühl und dann das Denken angesprochen haben, irgendwo seinen Erfolg erlebt haben.

Aber all diese Schritte zielen schließlich darauf ab, den Schülern dabei zu helfen, ihre ureigene Persönlichkeit zu ergreifen, sich selbst bewusst zu werden. Das ist es, was uns Menschen ausmacht: dass wir uns unserer selbst bewusst werden können und innere Freiheit gewinnen. Dass die gesamte menschliche Konstitution auf dieses Bewusstsein von sich selbst orientiert ist, möchte ich an drei scheinbar alltäglichen Phänomenen des menschlichen Organismus zeigen. Es sind Phänomene, die nichts beweisen können, sondern vielmehr Indizien, Bilder, die diesen Zug zum Bewusstsein nahelegen.

37 Grad Celsius oder etwas darunter gilt als normale Temperatur des menschlichen Körpers. Bei den meisten Säugetieren liegt sie interessanterweise deutlich höher. Das entdeckt man auch ohne Thermometer, wenn man eine Katze oder einen Hund im Arm hält, die eine Körperwärme von knapp 39 Grad haben. Auch Schwein, Maus oder Kuh liegen über 38 Grad, die meisten Vögel sogar über 40 Grad. Das Rotkehlchen mit seinen 44,6 Grad glüht also nicht nur farblich am Hals. Wer einmal bei leichtem Fieber, also 38 Grad, auf sein Befinden schaut und von sonstigen Beschwerden absieht, erlebt das gelassenwohlige Gefühl, das diese Temperatur vermittelt.

Es ist wohl kein Zufall, dass das Maß des Goldenen Schnittes zwischen 0 und 100 °C bei 38,1 °C liegt, denn so fühlt man sich auch: zwar mit leicht getrübtem Bewusstsein, aber dafür in harmonischer Übereinstimmung mit der Umgebung.

Dieses Idealmaß wird von der menschlichen Körpertemperatur unterschritten.* Es bleibt zum mathematischen Idealmaß von 38,1 °C eine Lücke. Biologen erklären die tiefe menschliche Temperatur beispielsweise damit, dass so Alterungsprozesse langsamer ablaufen. Das mag sein, auf jeden Fall macht diese physiologische Coolness es möglich, dass man diese Wärmelücke nun selbstständig mit seelischer Wärme, durch Engagement und Interesse, ergreift.

Solch eine Transformation, dass sich physische Wärme in seelische steigert, lässt sich auf vielen Feldern des Lebens beobachten und gehört deshalb zu den Entwicklungsprinzipien der Natur. Jede Pflanze zeigt es, wenn sie ihr Wachstum auf vegetativer Ebene mit Blatt und Stängel zurücknimmt, um es mit Blüte und Fruchtbildung auf höherer Stufe zu entfalten. Mit Farbe und Duft ist es auch hier – soweit es der Pflanze eben möglich ist – ein Sprung vom Lebendigen zum Seelischen. Es ist ein Sprung, der dadurch möglich wird, dass das Wachstum zu Ende geht und auf diese Weise Raum für Neues schafft.

Der Physiker Max Planck sagte deshalb: Damit etwas Neues in die Welt kommen kann, muss etwas Altes sterben. Das gilt auch innerhalb eines Organismus. Das Wachstum «stirbt», womit seine Triebkraft aber nicht verloren geht, sondern sie

---

* Diese kühle Körpertemperatur teilen wir Menschen übrigens mit Elefant und Wal.

erschöpft sich nicht mehr und wird mit der Blüte auf höherer Stufe neu geboren. Entsprechend gießt sich im Menschen nicht alle Wärme in den Organismus und kann sich deshalb als seelische Wärme, als Empathie und Einfühlungsvermögen ausleben.

Es ist eine der Überzeugungen der Anthroposophie, ähnlich wie der Psychosomatik, dass Leben und Seele und auch Seele und Geist nicht getrennte Entitäten sind, sondern auseinander hervorgehen können. Interessanterweise geht auch die heutige Psychoanalyse von der reinen Gesprächstherapie häufiger zu Therapien über, die sowohl körperlich als auch seelisch zugreifen. Deshalb gehört es zur Waldorfpädagogik, aufmerksam die körperliche Entwicklung eines Kindes zu verfolgen, weil sich an und in ihr auch die innere Entwicklung der Persönlichkeit zeigt. In der Diskussion um den Zeitpunkt der Einschulung spielt dieses Entwicklungsgesetz, wenn ich es so nennen darf, eine wichtige Rolle. Mit dem Wechsel von den Milchzähnen zu den zweiten Zähnen endet diese stärkste und härteste Mineralisierung im Körper.

Hier gilt nun im übertragenen Sinne der Energieerhaltungssatz. Es gehört zu den Überzeugungen der Physik, dass eine Energie nicht verloren geht, sondern nur ihren Zustand ändern kann. $E = mc^2$, «Energie ist gleich der Masse multipliziert mit dem Quadrat der Lichtgeschwindigkeit», ist die von Einstein entdeckte und so verblüffend einfache Formel. Dass sich Energie im Stoff verstecken kann, nutzt man beim Eiswürfel in Cola oder Saft. Der gefrorene kleine Kubus vermag ein Viertel Liter Flüssigkeit abzukühlen, denn es verschwindet viel Wärme im Wasser, wenn es sich verflüssigt.[*]

Zwischen dem sechsten und dem achten Lebensjahr wechseln beim Menschen die Milchzähne zu den zweiten Zähnen. Jetzt hat die Kraft, die diese Festigkeit zustande gebracht hat, nichts mehr zu tun und kann für die gedankliche Kristallisation, für Schreiben und Rechnen genutzt werden.

Umgekehrt gilt: Finden diese freiwerdenden Kräfte kein neues Betätigungsfeld und werden mangels neuer Aufgaben «arbeitslos», dann werden sie wild – Aggression ist die Folge; oder sie werden passiv – Konsumation ist die Folge. Ausgangspunkt war die überraschend tiefe Körpertemperatur des Menschen. Sie schafft Bedingung und Möglichkeit, dass nun durch Interesse und Anteilnahme eigene Wärme erzeugt wird.

Auch anatomisch gibt es beim Menschen eine Besonderheit: Im Vergleich zu den Menschenaffen und noch mehr zu ähnlich großen Säugetieren besitzt der Mensch ein extrem schmales Becken. Wie stabil steht breitbeinig ein Gorilla oder ein Orang Utan! Der Preis für die Stabilität zeigt sich, sobald der Primat zu laufen beginnt. Der Affe muss bei jedem Schritt den Kör-

---

[*] Genauer: Um Eis zu schmelzen, braucht man so viel Energie, wie nötig ist, um flüssiges Wasser von 0 °C auf 80 °C zu erhitzen.

perschwerpunkt über das Standbein legen, um auf einem Bein
kurzzeitig stehen zu können. Bei solch einem breiten Becken
bedeutet es, dass der ganze Körper mit jedem Schritt mal nach
links, mal nach rechts schwankt. Sobald der Affe läuft, ist der
gesamte Körper in einer pendelnden Bewegung.

Ganz anders ist es bei uns Menschen. Das schmale Becken
erlaubt, dass in der gehenden Bewegung der Rumpf vollkom-
men ruhig bleibt. Das liegt selbstverständlich auch daran,
dass beim Menschen der Schwerpunkt aufgrund der langen
Beine im Becken sitzt und nicht wie beim Affen oberhalb davon. Jedenfalls ist es so für uns Menschen möglich, was Tiere
höchstens fertigbringen, wenn sie schleichen: dass in der Bewegung völlige Ruhe herrscht.

Interessanterweise sorgt das schmale Becken auch in um-
gekehrter Weise für eine Besonderheit: Wenn man ruhig steht,
ist fortwährend ein feines Ausbalancieren zwischen links und
rechts und auch zwischen vorne und hinten notwendig. Als
Mensch zentriert man sich in seiner aufrechten Haltung un-
entwegt, wie es der Biologe Ernst-Michael Kranich beschreibt.[26]
Der menschliche Körper erlaubt somit Ruhe in der Bewegung
und Bewegung in der Ruhe. Diese Gegensätze integriert der
Leib. Wie anders ist es beim Tier! Wenn ein Pferd steht, dann
steht es, dann scheint alles ruhig zu sein – und es gibt umgekehrt kaum etwas Berauschenderes, als auf einem Pferd im flie-
genden Galopp zu sitzen. Alles ist in Bewegung getaucht.

Was der menschliche Organismus hier zeigt, ist tatsächlich eine der vornehmsten Fähigkeiten des Menschen: sich selbst zuzuschauen, von sich selbst ein Bewusstsein zu gewinnen. Denn nichts anderes bedeutet es, wenn man in der Bewegung zugleich Ruhe herstellen kann. In der Waldorfschule üben die Kinder, Formen abzuzeichnen und zu spiegeln. Dieses Formenzeichnen ist ein Beispiel dafür, wo sich Ruhe in der Bewegung abspielt. Die Hand zeichnet eine Acht, und das Auge ruht auf der Bewegung und hilft sie zu korrigieren. Hier wird nichts radiert, sondern es geht darum, in diesem Dialog, dieser Integration von Bewegung und Ruhe zum Ergebnis zu kommen.

Auch in der Art seines Wachstums ist der menschliche Organismus einzigartig. Das erste Mal wurde mir das bewusst, als unsere Hauskatze mit vier Monaten schon ihren Zahnwechsel hatte, während bei uns Menschen, die wir nur fünfmal älter werden als Katzen, erst mit sieben Jahren der Wechsel fällig ist. Unter dem Stichwort der langen Jugend beschreiben Biologen die verzögerte, besonders langsame Entwicklung des menschlichen Organismus. Während große Säugetiere nach wenigen Jahren zeugungsfähig werden, sind es beim Menschen zwölf bis vierzehn Jahre. Nicht nur, dass beim Menschen die Jugend länger ist, in seiner Gestalt, so der Biologe Louis Bolk, bleibt er seinen frühesten Stadien viel ähnlicher, als das bei Tieren der Fall ist. Affenbabys sehen

tatsächlich viel menschlicher aus, dann folgt aber das Haar-
wachstum und die Schnauzenbildung.

Das bedeutet, die menschliche Gestalt bleibt ein Leben
lang in einer jugendlichen Form. Es gehört zu den erschüt-
ternden Erfahrungen von Primatenforschern, dass man beispielsweise jungen Schimpansen sehr viel beibringen kann
und sogar Anfänge des Lesens möglich sind, doch mit der
Geschlechtsreife das vorbei ist; dann schlägt ihre Affennatur
durch. Beim Menschen geschieht das nicht, er ist bis zu seinem letzten Atemzug auf Entwicklung angelegt. In diesem
Sinne ist auch die Notiz von Novalis zu verstehen: «Je länger
der Mensch Kind bleibt, desto älter wird er.»[27]

Kindsein bedeutet also, sich die Entwicklungsfähigkeit
und damit die Menschlichkeit zu bewahren. Eine menschen-
gemäße Pädagogik wird daher immer diese Entwicklungsfähigkeit im Auge haben. Sie wird die Fähigkeit zur Empathie, zur inneren Wärmebildung berücksichtigen, und sie
wird sich daran orientieren, was der Organismus als Einheit
von Bewegung und Ruhe vorlebt: die Fähigkeit, sich seiner
selbst bewusst zu werden.

2. Er ist einzigartig …

«Mit jedem Menschen ist etwas Neues in die Welt gesetzt,
was es noch nicht gegeben hat, etwas Erstes und Einziges.»[28]
Martin Buber

Vor einigen Jahren besuchte der amerikanische Streetworker Orland Bishop das Goetheanum bei Basel. In Los Angeles begründete er die Organisation «Shade of Tree», mit der
er straffällige Jugendliche von der Straße zu holen versucht.
Sein Mittel dazu ist so einfach wie großartig. Es sind nur drei
Worte: «I see you!» Ich sehe dich. Ich sehe, wovon du träumst,
wovor du Angst und Sorge hast. Ich sehe, was du dir wünschst
und wovon du nicht mal zu träumen wagst.

Das sagt und zeigt er den einsamen, gestrauchelten
Jugendlichen immer wieder, die in ihrem Leben wohl nur den
Ladendetektiv erlebt haben, der auf sie geschaut hat. Bishop
erzählte mir, dass er noch keinen Jugendlichen erlebt habe,
der durch solch einen Regen von Aufmerksamkeit nicht verwandelt wurde. In der Organisation steigern die Teilnehmer
die Aufmerksamkeit auch so, dass sich eine ganze Gruppe um
so ein einzelnes Gangmitglied setzt, um von ihm zu hören,
zu sehen und zu fühlen, wie es ihm geht.[29] Jeder Mensch hat
eine Geschichte, hat seine Geschichte zu erzählen, dafür wollen sie den Raum und die Zeit schaffen, so Bishop. Auf dem

Kongress ‹Connectivity› in Brasilien ruft er den Jugendlichen
zu: «Denkt euch, ihr selbst seid für die Erde genauso wertvoll
wie die Sonne!»

Alexander Schaumann, ein anthroposophischer Künstler
und Pädagoge, steigert in seiner sogenannten Menschenbe-
trachtung diese Aufmerksamkeit.[30] In Seminaren bittet er ein
Mitglied der Gruppe, sich umfassend anschauen zu lassen. So
richten sich dann zehn Augenpaare auf einen Menschen. Einzelne beginnen zu beschreiben, was sie sehen – erst äußerlich,
dann immer feiner. Mit jedem Votum, so war meine Erfahrung
bei diesen Workshops, steigert sich die Fähigkeit der anderen,
genauer und empathischer zu schauen. Mehr und mehr zeigt
sich so die einzelne Persönlichkeit. Bei diesen Seminaren fängt
die Zuwendung damit an, eine Stunde über den Gang eines
Menschen zu sprechen, und steigert sich bis zum Augenlicht.

Als ein Student so schweigend dasaß und wir über eine
Stunde auf und in seine Augen blickten, beschrieben, was wir
sehen und fühlen, fragte ich ihn anschließend, wie es denn für
ihn gewesen sei. Er schilderte mir, dass er noch niemals zuvor
sich selbst so sehr gespürt habe wie in dieser Stunde, als all
die Augen auf ihn gerichtet waren und die Teilnehmer seinen
Blick beschrieben.

Tatsächlich so die Einzigartigkeit eines Menschen sehen und
beschreiben zu lernen schenkt gegenseitig die Gewissheit, dass
man existiert. Noch im letzten Jahrhundert hat viel körperliche

Arbeit zu einem umfassenden Selbsterlebnis geführt. Arbeit bedeutete die Erfahrung, dass die Wirklichkeit einen Widerstand bildet, den man überwinden muss. Davon sind wir heute schon recht weit entfernt. Umso wichtiger wird es nun, andere, geistigere Formen der Selbsterfahrung an diese Stelle zu setzen.

Vor einigen Jahren fiel der 24. Dezember auf einen Samstag, und der Zufall wollte es, dass an diesem Tag schweizweit alle Bankautomaten ausfielen. Da meldete sich ein Radiomoderator mit der Empfehlung, man solle doch – wenn man keine Geschenke mehr kaufen könne – das schenken, was am kostbarsten sei, aber mit Geld nicht zu bezahlen sei: man solle sich Aufmerksamkeit schenken.

Georg Franck prophezeit in seinem Buch *Ökonomie der Aufmerksamkeit*, dass Aufmerksamkeit zur Währung des 21. Jahrhunderts werde.[31]

Eines der schönsten Beispiele dafür, dass die aufmerksame Hinwendung zu einem anderen Menschen der Schlüssel zu dessen Seele ist, findet sich im Briefwechsel von Goethe und Schiller. Friedrich Schiller reiste nach Weimar, um dort den Meister kennenzulernen, aber dieser blieb unnahbar. Schiller war so verstimmt, dass er am 2. Februar 1789 dem Freund Christian Gottfried Körner ärgerlich schrieb: «Öfter um Goethe zu sein, würde mich unglücklich machen. (...) Ich betrachte ihn wie eine stolze Prüde, der man ein Kind machen muss, um sie vor der Welt zu demütigen.» So beschimpfte man sich also vor 200 Jahren. Und doch verfasst Schiller dann fünf Jahre später einen längeren Brief an den verehrten Dichter, der Goethe tief ergreift. Goethe antwortet ihm in den ersten Zeilen:

«Zu meinem Geburtstage, der mir diese Woche erscheint, hätte mir kein angenehmer Geschenk werden können als Ihr Brief, in welchem Sie mit freundschaftlicher Hand die Summe meiner Existenz ziehen und mich durch Ihre Theilnahme zu einem emsigern und lebhafteren Gebrauch meiner Kräfte aufmuntern.»[32]

Was hat Schiller geschrieben? Nach einer Einleitung folgt die Mitteilung: «Lange schon habe ich, obgleich aus ziemlicher Ferne, dem Gang Ihres Geistes zugesehen, und den Weg, den Sie sich vorgezeichnet haben, mit immer erneuerter Bewunderung bemerkt.»[33]

Was sagt Schiller hier? Er sehe, wohin Goethe gehe und welches Ziel er dabei verfolge. Er sagt also nicht, wie Goethe «jetzt» ist, sondern vielmehr, wie er «wird» und wohin er werden will. Nicht den gegenwärtigen Menschen, sondern den zukünftigen, den möglichen Menschen beschreibt Schiller, und Goethe antwortet, dass Schiller damit «die Summe seiner Existenz gezogen» habe.

Den «vorgezeichneten» Weg der Schüler fassen zu können, ohne dabei zu spekulieren oder Festlegungen vorzunehmen, das gehört zur pädagogischen Arbeit der Waldorflehrer.

«An der Art und Weise, wie sie von ihren Eltern und Lehrern wahrgenommen werden, erkennen Kinder und Jugendliche nicht nur, wer sie selbst sind, sondern vor allem, wer sie sein könnten, das heißt, worin ihre Potenziale und Entwicklungsmöglichkeiten bestehen.» So beschreibt es der Neurobiologe Joachim Bauer[34] und fährt fort, dass sich im Kind, wenn es so gesehen und erkannt werde, bis in die neuronalen Strukturen ein Zukunftskorridor bilde.

Es gibt drei Ebenen der Sicherheit, die Heranwachsende brauchen. Die physische Sicherheit betrifft das regelmäßige Essen, das Dach über dem Kopf. Welch eine Tragödie, dass Millionen von Eltern ihren Kindern nicht einmal diese basale Grundlage geben können! Dann folgt die seelische Ebene. Dass sich das Kind auf das, was versprochen wird, verlassen kann, dass Ehrlichkeit, Vertrauen und Verlässlichkeit die Umgebung bestimmen, oder einfacher, dass das Kind sich der Liebe der Eltern gewiss ist, das ist die seelische Dimension. Es gibt noch eine dritte Ebene, das betrifft die geistige Sicherheit, von der Joachim Bauer hier spricht. Wenn ein Kind spürt, dass Lehrer und Eltern da sind, die ein feines Gefühl von dem Weg haben, der vor dem Kind liegt, dann bilden sich die beschriebenen geistigen Leitplanken bis zum Erwachsenwerden.

Der Pädagoge und Therapeut Henning Köhler nennt – in Anlehnung an die vier von Immanuel Kant formulierten Kernfragen des Menschen – vier Identitätsfragen, die sich Jugend-

liche insgeheim stellen: Wer bin ich? Wie werde ich wahrgenommen? Was vermag ich? Wohin will ich?[35]

Die schönsten Momente in den wöchentlichen Schulkon-
ferenzen der Waldorfschulen sind in diesem Sinne die Kin-
derbetrachtungen. Alle Kollegen tragen ihre Beobachtungen
über ein Kind zusammen und schließen dabei all das ein,
was weit über den eigentlichen Unterricht hinausgeht. Wie
spricht es, wie verhält es sich auf dem Pausenhof, wie sieht
seine Schultasche, wie sein Schulpult aus? Wichtig ist dabei,
dass charakterisiert und nicht geurteilt wird. Es ist ein merkwürdiger Vergleich, aber wenn solch eine Kinderbesprechung
gelingt, dann entsteht eine ähnlich dichte Atmosphäre, wie
ich es sonst nur bei Feiern für Verstorbene beobachtet habe.
Das Kollegium bildet bei einer solchen Kinderbetrachtung so
etwas wie ein großes gemeinschaftliches Auge und Ohr für
dieses Kind.

An der Bochumer Waldorfschule wollten die Jugendlichen herausfinden, wie die Lehrer über sie sprechen, und
versteckten sich deshalb unter einem Tisch mit herabhän-
gender Tischdecke im Konferenzraum. Der Spionstreich kam
sehr bald heraus, aber für das Kollegium war es, wie mir ein
Lehrer sagte, eine größere Lehre als für die Schülerinnen und
Schüler. Die Kollegen hätten sich vorgenommen, all diese Be-
sprechungen über die Kinder immer so abzuhalten, dass sie
dabei theoretisch auch Zeuge sein könnten, und von einem

höheren Gesichtspunkt aus nehmen die Schüler solche Beratungen in den tiefen Schichten ihres Bewusstseins auch wahr. Das entdeckt man häufig an den folgenden Tagen, wie Kinder, nachdem ein solcher Aufmerksamkeitsraum für sie gebildet wurde, vertrauensvoller und sicherer erscheinen.

«Das Kind muss wissen, dass es selbst ein Wunder ist, dass es seit Anbeginn der Welt noch nie ein anderes Kind gegeben hat, das genauso war wie es, und dass es auch in der ganzen Zukunft kein solches Kind geben wird.» Das schreibt der Cellist Pablo Casals in einem Gedicht[36] und ruft so dazu auf, dass jeder Schüler ein Recht hat zu spüren, dass er in dieser Einzigartigkeit auch erkannt wird.

Am Anfang und am Ende der Schulzeit hat dieses «Gesehenwerden» zwei Höhepunkte. In der ersten oder zweiten Klasse ist es eine aufregende Sache, wenn der Klassenlehrer oder die Klassenlehrerin das Kind zu Hause besucht. Dabei geht es nicht nur darum, dass es wichtig ist zu sehen, in welcher Atmosphäre und Umgebung das Kind lebt, wenn es nicht in der Schule ist, sondern auch, dass das Kind hier in seinem Reich gesehen wird, sich zeigen kann. Das gilt sprichwörtlich, denn zu dem Besuch gehört das Kinderzimmer dazu. Was für Spielsachen sind da? Wie geborgen kann das Kind sich fühlen und wo kann es sich mit seinen Schulsachen ausbreiten? Ich erinnere mich gut, wie unsere Kinder aufgeregt am Fenster standen und auf ihren Lehrer warteten, als die Visite bevorstand.

Der Gegenpol zu diesem hochpersönlichen Moment des
Sehens und Gesehenwerdens geschieht dann in der 12. Klasse. Die Schüler haben sich mehr als ein halbes Jahr mit einem
selbst gestellten Thema auseinandergesetzt, haben – begleitet
von einem Lehrer – eine theoretische und praktische Arbeit
zustande gebracht und sind dabei sich selbst begegnet wie
wohl kaum zuvor in ihrer Schullaufbahn. Jetzt kommt der
Moment, wo sie vor der Schulgemeinschaft ihre Arbeit vor-
stellen.

Es sind hundert oder zweihundert Augenpaare auf den
Schüler gerichtet, der da jetzt allein auf der Bühne steht und
von seinem Projekt und damit auch von sich selbst berichtet.
Selten erlebt man, dass so viele Schüler so still beisammensit-
zen. Derart im wohlwollenden Licht der Mitschüler, Eltern und
Lehrer zu stehen, das vergisst man sein Leben lang nicht. Repräsentiert das Gespräch zu zweit mit dem Lehrer, was später
Partnerschaft und Freundschaft bedeuten, die Begegnung zu
zweit, repräsentiert das Leben in der Klasse, was dem famili-
ären Leben, dem Leben in einer Gemeinschaft entspricht, so
bedeutet die Präsentation der Zwölftklassarbeit eigentlich, vor
der ganzen Öffentlichkeit, der Welt zu stehen, von der man in
diesem Moment getragen ist. Das merkt man spätestens, wenn
eine Woge des Applauses über einen hinwegbrandet.

3. … und kommt vom Himmel

«Kinder sind Riesen, sie sind nur zur Tarnung klein.»[37]

Reinhard Mey

Als mein Freund Nikolai Fuchs vor einigen Jahren vom Vorsitz der Sektion für Landwirtschaft am Goetheanum an die Welthandelsorganisation nach Genf wechselte, um sich für die Linderung des weltweiten Hungers einzusetzen, fragte ich ihn, was er denn dort erreichen könne. Wir wussten beide, dass es dort Hunderte von Organisationen und Stiftungen gibt, die sich schon für die Bekämpfung des Hungers einsetzen. «Ich will», so sagte er «einen Gedanken in die Panels, in die Diskussion einbringen, und der lautet, dass es darauf ankommt, sich an seine Entschlüsse, mit denen man auf die Erde gekommen ist, zu erinnern.» Jenseits aller Verbesserung der ökologischen Standards und Richtlinien für ethisches Wirtschaften liege dort der Schlüssel für eine bessere Welt.

Tatsächlich, wer ein gesundes Bild vom Menschen hat, wird wohl keinem seiner Mitmenschen unterstellen, dass dieser sich vor seiner Geburt vorgenommen habe, möglichst viel Reichtum auf Kosten anderer anzuhäufen. Nach der weltweiten Studie der Bertelsmann-Stiftung glauben in Deutschland etwa zwei Drittel aller Menschen an ein Leben nach dem Tod, die Unsterblichkeit der Seele beziehungsweise deren Wiedergeburt in ein neues Leben.[38]

Es gehört zum Hochmut des akademischen Lebens, dass es die vielen berichteten Nahtoderlebnisse und Panoramaerfahrungen des eigenen Lebens nur als Vorspiegelungen eines Gehirns unter Sauerstoffmangel erklärt. Selbst die eindrucksvollen Schilderungen «aus den eigenen Reihen», also von erklärten akademischen Wissenschaftlern wie Pim van Lommel und Eben Alexander, verhallen.

Van Lommel, niederländische Kardiologe, hatte als Herzspezialist viele Patienten mit kurzzeitigem Stillstand des Herzens und fragte sie nach überstandener Krise, was sie in dieser Zeit erlebt hätten. Zu seiner Überraschung schilderten zwölf der ersten fünfzig befragten Patienten, sie hätten eine Nahtoderfahrung gehabt. Das habe, so van Lommel, sein wissenschaftliches Interesse geweckt, weil es mit Aussetzen des Pulses nach gängiger Theorie unmöglich ist, bewusste Erfahrungen zu machen. Van Lommel ergänzt, dass die akademische Vorstellung, das Bewusstsein komme vom Gehirn, eine Hypothese sei, die sich nicht beweisen lasse.[39] Der Autor beschreibt, dass in seinen Befragungen der Patienten mit Herzstillstand «universelle Elemente von Nahtoderfahrungen» auftreten würden: außerkörperliche Erfahrungen, Tunnelerfahrung mit einem hellen Licht, Lebensrückblick und Begegnung mit verstorbenen Angehörigen.

Beinahe noch eindrucksvoller ist die Schilderung des amerikanischen Neurochirurgen und renommierten Gehirnspezialisten Eben Alexander.[40] Es ist eine Geschichte vom Saulus zum Paulus. Alexander vertrat die Lehrmeinung, dass die Seele des Menschen allein im Gehirn zu finden sei. Dann stürzte ihn eine schwere bakterielle Meningitis, also eine Entzündung des Gehirnwassers, in ein einwöchiges Koma, das ihn in einen ganzen Kosmos von Nahtoderfahrungen warf und seine Möglichkeiten, die Erlebnisse in Sprache zu formen, völlig überforderte.

«Ich liebte die Einfachheit, die absolute Ehrlichkeit, die Sauberkeit der Wissenschaft. Ich respektierte, dass sie keinen Raum für Fantasie oder nachlässiges Denken ließ. Wenn sich eine Tatsache als greifbar und vertrauensvoll erwies, wurde sie akzeptiert. Wenn nicht, wurde sie abgelehnt. Dieser Ansatz ließ sehr wenig Raum für die Seele und den Geist sowie für das Weiterexistieren einer Persönlichkeit, nachdem das Gehirn, das diese unterstützte, seine Arbeit eingestellt hatte. Und noch weniger Raum ließ er für das, wovon ich in der Kirche immer und immer wieder gehört hatte: für das ‹ewige Leben›.»[41]

Doch dann, am 10. November 2008, traf ihn die Krankheit und schickte ihn auf eine Reise. «Es war die eigenartigste, schönste Welt, die ich je gesehen hatte. Großartig, lebendig, ekstatisch, atemberaubend ... Ich könnte ein Adjektiv an das andere reihen, um zu beschreiben, wie die Welt aussah und sich anfühlte, aber sie greifen alle zu kurz. Ich fühlte mich, als würde ich geboren. Nicht wiedergeboren oder neu geboren. Einfach geboren.» Etwas später beschreibt er die Zuwendung eines höheren Wesens und dessen Botschaft: «Du wirst für immer zutiefst geliebt und geschätzt, du hast nichts zu befürchten, du kannst nichts falsch machen.»[42]

Es gehört zum Charakter solcher die bekannte Wirklichkeit übersteigenden Bilderlebnisse, dass sich diese Erfahrungen und noch mehr deren sprachliche Vermittlung in die Vorstellungen und Bilder kleiden, die man aus dem Alltagsleben besitzt. Sie haben deshalb einen persönlichen, einen subjektiven Charakter. Aber das nimmt nichts von dem Gewicht, das solche Schilderungen haben.

Nun haben natürlich die allerwenigsten Waldorfpädagogen solche Nahtoderfahrungen selbst gemacht. Die Idee der Wiederverkörperung hat für sie kaum diese biografische Gewissheit. Darum geht es auch gar nicht. Sondern es geht darum, dass man in sich den Gedanken trägt: Die Schülerinnen und Schüler vor mir auf den Bänken haben alle eine reiche Geschichte, und sie fügen zu dieser Geschichte nun ein neues Kapitel hinzu. Lernen ist deshalb, wie Platon es formuliert, «Anamnesis», ein Wiedererinnern. Wer mit diesem Grundgedanken unterrichtet, der wird mit einem etwas anderen Gefühl auf die Kinder schauen. Er wird sich eigentlich nicht über die Kinder stellen können, sondern bei all dem, wo er den Heranwachsenden intellektuell und physisch überlegen ist, doch nicht vergessen, dass die Kleinen, die ihm gegenübersitzen, in Wahrheit die Großen sind. Der Gedanke der Wiederverkörperung führt dabei nicht nur zu einer gesunden Demut, sondern er imprägniert und bereichert das Gefühlsleben, wie umgekehrt die Vorstellung, dass die Persönlichkeit nur in den Genen und Dendriten zu finden sei, das Menschenbild verdüstert. Ich fragte den Waldorflehrer Volker Fourness danach, was es denn für seinen Unterricht bedeute, dass er von der Wiederverkörperung überzeugt sei. Er antwortete für mich überraschend: «... dass passieren kann, was will, und nicht, was ich will.» Er wisse sich in einem großen Kontext, der überrasche und schmerze, der ihm etwas gebe, was man wohl früher – das sind jetzt meine Worte – «Gottvertrauen» nannte.

Tatsächlich spielt diese Souveränität eine große Rolle für die gesunde Entwicklung der Kinder. Aus Kriegsgebieten ist bekannt, dass die Kinder vor allem dann traumatisiert sind, wenn die Eltern und anderen Erwachsenen ihre Souveränität verlieren. Der Philosoph Martin Heidegger hat das Geborenwerden als ein Hineingeworfenwerden in die Welt beschrieben, eine Welt mit Regeln und Gesetzen, mit Glück und Leid. Und nun kommt das Kind in den Kindergarten und dann in die Schule, und da sind Kindergärtnerinnen und Lehrer, die dem Kind mit verborgenen Signalen zeigen: «Die Welt, aus der du kommst, die kann ich nicht sehen, aber ich rechne mit ihr, und ich lerne sie durch dich verstehen.» Hier tauschen sich Lehrersein und Schülerschaft insgeheim aus.

Es ist erfreulich, dass in den letzten Jahren immer mehr Waldorflehrer und auch Waldorfkollegien persönlich ergreifen, was schon in der Gründung der Waldorfschule veranlagt ist: die persönliche Meditation. Bei einem Besuch der Parzivalschule in Karlsruhe, wo Schulklassen für geflüchtete unbegleitete Jugendliche eingerichtet wurden, schilderte der Notfallpädagoge Bernd Ruf, dass man ohne eine meditative Praxis als Lehrer den Herausforderungen dieser traumatisierten oder milieugeschädigten Jugendlichen nicht gewachsen sei. Doch die Meditation, also die innere Versenkung in die Entwicklungskräfte des Kindes, und die Hilfen, die einem als Pädagogen zufließen können, dienen nicht allein der eigenen Ertüchtigung oder Entängstigung. Durch die Meditation spannt man, so möchte ich sagen, einen imaginären Himmel über den Schülern auf. Die Lehrer schließen einen Pakt mit dem Himmel.

Claus-Peter Röh, Co-Leiter der Pädagogischen Sektion am Goetheanum in Dornach, betonte in einem Gespräch mit mir über die Innenseite der Waldorfpädagogik,[43] dass die Meditation auf zweifache Art das Gefühl steigere. «Im Gefühl haben wir die Mitte der Seele, denn das Gefühl ist nicht so klar wie das Denken und nicht so handlungsstark wie der Wille.

Es ist ein zurückgehaltenes Denken und zugleich ein noch nicht ausgeführter Wille. Die Waldorfpädagogik ist deshalb der fortwährende Ruf an das Gefühl: Fühle, was du tust, fühle den Schüler, durchfühle aber auch die Themen des Unterrichts und die Art, darüber zu denken. Denn das Gefühl macht es möglich, dass wir in die Qualitäten der Dinge hineinkommen und nicht vor ihnen stehen bleiben.» So aus den Qualitäten, dem Wesen der Dinge zu unterrichten bedeutet, dass die Schüler etwas von dem «Himmel», den sie verlassen haben, auf der Erde wiederfinden.

Werner Rauer, ein norddeutscher Waldorflehrer, der selbst neun Waldorfschulen gegründet hat und später am Institut für Waldorfpädagogik in Witten Generationen von Studenten unterrichtete, stellte ich die ja sehr theoretische Frage, was er nun, wenn er mit achtzig Jahren zurückblicke, anders machen würde. Er antwortete: «Ich würde versuchen, noch größer vom Menschen zu denken, und ich würde versuchen, noch genauer auf jeden einzelnen Schüler hinzuschauen.»

Damit hat er die Spanne beschrieben, die in der Waldorfpädagogik liegt. Da ist das große Bild vom Menschen – ein Bild, dessen sich die Lehrerinnen und Lehrer jede Woche in den gemeinsamen Konferenzen von Neuem vergewissern – und da ist die aufmerksame Beobachtung jedes einzelnen Kindes.

4. … und sucht die ganze Gemeinschaft

«Um ein Kind zu erziehen, braucht es ein ganzes Dorf.»
Afrikanische Weisheit

Eine meiner eindrücklichsten Schulerinnerungen ist die Be-
gebenheit, als in der 9. Klasse kurz die Deutschlehrerin in unseren Mathematikunterricht kam, um unserem Lehrer etwas
zu übergeben; und als sie wieder den Raum verlassen hatte
und wir erwarteten, dass jetzt die quadratischen Gleichungen
wieder an der Reihe wären, sagte unser Mathelehrer, dass er
statt Mathematik lieber ein wenig von der Germanistin erzählen wolle. Da spitzten wir die Ohren, dass ein Lehrer über
einen anderen sprach; das bannte unser Interesse. Mit einem
Mal wurde mir bewusst: Es gibt nicht nur einzelne Lehrerinnen und Lehrer, die uns unterrichten, es gibt ein Kollegium,
in dem man sich austauscht und sich füreinander interessiert.

Das geschieht aber nicht von selbst, denn als Lehrer ist
man in erster Linie Solist; im Unterricht ist man mit der
Klasse allein. Es ist eine besondere Kultur an der Schule notwendig, damit über diese Achse Klasse–Lehrer hinaus der
Kreis eines Kollegiums entsteht. An einer Waldorfschule investieren die Lehrerinnen und Lehrer beträchtliche Zeit, um
jede Woche in der Unter- und der Oberstufenkonferenz und
einer Gesamtkonferenz zusammenzusitzen und diese päda-

gogische Arbeitsgemeinschaft jede Woche neu zu stiften. Die
Konferenzarbeit ist deshalb viel mehr als die bloße Selbstver-
waltung, die in der Waldorfschule gepflegt wird. Durch den
ständigen fachlichen Austausch und das Gespräch über ihre
Schüler erleben diese nicht nur die Vielfalt und Verschiedenheit ihrer Lehrer, sondern etwas sozial sehr Wichtiges: Sie erfahren, wie ein Lehrer im anderen lebt.

Der Erziehungswissenschaftler Haim Omer aus Tel Aviv
beschreibt diesen Wandel eindrucksvoll.[44] Es ist nicht viel
mehr als eine Generation her, da wusste jedes Kind, dass der
Lehrer die Macht besitzt und dass hinter dem Lehrer Polizei,
Kirche, ja die ganze Gesellschaft steht. Rutschte dem Lehrer
einmal die Hand aus, so war der Schüler schuld an dieser Es-
kalation. Es gab keine Flucht, keine Alternative zu jener Kon-
stellation von Macht und Ohnmacht. In der Gesellschaft lebte
das bürgerliche Ideal der Ordnung, und die Dominanz der
Lehrer und Eltern gewährleistete, dass die Ordnung bestehen
bleibt.

Diese Dominanz verwirklicht sich allerdings nur aus Distanz. Nun ist Freiheit als gesellschaftliches Ideal an die Stelle
der Ordnung getreten. Selbst die kleinsten Kinder merken,
bevor sie recht sprechen können, dass sie in einer Welt auf-
wachsen, in der die Freiheit und die Souveränität des Einzelnen das höchste Gut bedeuten. Wer nun vor einer Klasse wie
vor fünfzig Jahren poltert, darf sich nicht wundern, wenn

die Schüler das recht gelassen nehmen. Sie wissen jetzt, dass der Lehrer keine Verbündeten mehr hat, weder Polizei noch Kirche oder Staat stehen ihm bei seinem Machtanspruch zur Seite. In einer Welt, die Freiheit als ein so hohes Gut feiert, kann Erziehung nicht aus Distanz geschehen, sondern findet aus der Nähe heraus statt. Doch was wird, so fragt auch Haim Omer, aus Dominanz, wenn man seinen Schülern nahe ist? Präsenz! Aus Dominanz wird Präsenz.

Es ist das Versprechen, den Schülern beizustehen, auch wenn sie in die Opposition gehen, auch wenn sie sich selbst im Wege stehen. Alte Autorität heißt, dass die Schüler dem Lehrer folgen; neue Autorität bedeutet, dass der Lehrer oder die Lehrerin sich selbst folgt, dass er oder sie unverbrüchlich dem Schüler zur Seite steht. Du magst jetzt in unserer Auseinandersetzung scheinbar das lautere Wort führen, aber ich werde die Sache fortsetzen und damit in der Zeit dominieren – das sagt man sich als Pädagoge. *Und bist du nicht willig, so brauch ich Geduld*[45] titelt Omer ein weiteres Buch zu diesem Thema. Wir können heute als Pädagogen den Konflikt mit einem Schüler nicht unbedingt im Moment dominieren, aber in der Zeit, indem wir es sind, die sagen, wann eine Sache geklärt ist und wann noch nicht. Damit ist Dominanz in der Dauer, in der Zeit gemeint. Es ist eine Stärke, die sich mit Nähe gut verträgt.

Mit dem Vater eines Schulfreundes hatten wir als Jugendliche leidenschaftliche Diskussionen. Nach Wochen, als ich ein solches Streitgespräch selbst längst vergessen hatte, kam der Vater beim erneuten Besuch ins Zimmer und meinte, dass er noch einmal über unsere Diskussion nachgedacht habe und er uns doch recht geben müsse. Diese Ausdauer einem Gedanken gegenüber hatte uns beeindruckt. Während man als Schüler im Moment lebt, vermag sich der Lehrer in der Dauer zu beheimaten.

Zur neuen Autorität, dieser Autorität, die sich nicht auf Distanz, sondern auf eine Nähe gründet, gehört, so Omer, außerdem ein Netzwerk von Beziehungen. Wie beschrieben, hatte man früher als Lehrer Kirche, Staat und Gesellschaft im Rücken, heute steht man allein, wenn man nicht ein neues Netzwerk knüpft. Dazu gehören die Kollegen. Was ist möglich, wenn die Sportlehrerin auf dem Pausenhof einen Schüler über sein gelungenes Französischreferat anspricht? Was bedeutet es, wenn die Englischlehrerin weiß, was im Hauptunterricht vor ihrer Stunde Thema war? So spüren die Schüler, dass sie getragen sind, so bildet sich in einer Zeit der Heimatlosigkeit aus einem Miteinander eine neue, selbst geschaffene Heimat. Anders als die ursprüngliche Heimat ist diese allerdings – nicht anders als Familie und Partnerschaft – fragil und auf fortwährende menschliche Energie angewiesen.

Es ist vielleicht manchmal ermüdend, nach sechs Schulstunden am Nachmittag beisammenzusitzen, und doch sind

es gerade diese wöchentlichen Konferenzen aller Lehrerin-
nen und Lehrer an der Waldorfschule, die Unter-, Mittel- und
Oberstufenmeetings, die dieses pädagogische Netz bilden.
Lehrer stehen allein vor der Klasse und sind deshalb Ich-AGs,
Einzelkämpfer.

Deshalb lohnt es sich, jede Woche von Neuem die Schulgemeinschaft mit neuem Leben zu versorgen. Nicht anders als
in Familie und Partnerschaft, wo die Bindung dann stark ist,
wenn man zusammen entscheidet, etwas zusammen erlebt
und auch etwas zusammen versteht, geht es auch in den Konferenzen um alle drei Seelenfelder, um Wille, Gefühl und Denken. Es ist die Konferenz, in der die Lehrer gemeinsam über
Gehalt, neue Kollegen und Fächerverteilung entscheiden. Es
ist die Konferenz, wo man vom Auf und Ab des Unterrichts
der Kollegen hört, als Mathematiklehrer etwas von Sport und
von Handarbeit erfährt, und es ist die Konferenz, wo sich die
Lehrer gemeinsam bemühen, ADHS oder Magersucht zu verstehen.

Zu diesem Netz an Beziehung, Netz an Interesse an der
Entwicklung des Kindes gehören natürlich die Eltern. Dass
auf die Frage «Wie war's heute in der Schule?» oft nicht viel
mehr als ein einsilbiges «gut» kommt, diese Erfahrung machen vermutlich alle Eltern. Die Frage sollte mehr Engagement, mehr Inhalt haben, dann ist auch die Antwort subs-
tanzieller. Das gelingt, wenn man als Mutter oder Vater über

den aktuellen Unterricht im Bild ist und vielleicht fragt: «Was hat dich denn bei der Französischen Revolution interessiert?» Oder: «Findest du es eigentlich wichtig, den Unterschied zwischen Adjektiv und Adverb zu kennen?»

Aus solchen Fragen, die eine Anteilnahme voraussetzen, kann sich ein Gespräch über den Unterricht ergeben, und die Kinder erleben, dass sich von Lehrer zu Lehrer und zu Eltern ein Netz der Fürsorge um sie spannt, ein Netz, das engagiert und freilassend zugleich ist. Wenn die Neuntklässler einen aus Kupfer getriebenen Krug nach Hause bringen, dann ist es etwas anderes, wenn die Eltern am Elternabend es auch einmal probiert haben und deshalb wissen, was für ein Wunder es ist, ein Blech in einen Krug zu klopfen. Wenn die Eltern im Zeugnis nicht eine Zwei oder Vier lesen, sondern erfahren, in welchem Fach welches besondere Interesse ihrer Kinder sich neuerdings regt. Die Lehrer investieren hier enorme Arbeit, den inneren Entwicklungsmoment der Schüler zu beschreiben, um auch so an diesem pädagogischen Netz zu arbeiten, das Kollegium und Eltern und im besten Falle noch Großeltern unter und über den Heranwachsenden aufspannen. «Erziehung ist Beziehung» ist die viel zitierte Formel für dieses fortwährende Engagement, das die Kinder und Jugendlichen bindet und doch freilässt.

5. ... und findet über den Kopf zum Herzen und zur Hand

«Der Mensch ist nicht nach dem zu beurteilen, was er weiß, sondern nach dem, was er liebt.»

Aurelius Augustinus[46]

Auf einer Studienreise zur Sonnenfinsternis auf der Oster-insel stand ich mit meiner Reisegruppe in der chilenischen Atacama-Wüste vor den Anden. Man wählt für diesen groß-artigen Blick gerne die Morgendämmerung. Mit der Sonne im Rücken schaut man auf die gewaltigen Fünftausender, die im Licht der aufgehenden Sonne glutrot glühen. Darunter, am Fuß der Berge, erzeugt der Dunst einen tief blauen Ton. Es gibt vermutlich nicht viele Orte auf der Erde, an denen die Natur solche Register zieht. Da standen wir nun, und einer aus der Gruppe kommentierte das Schauspiel – ich hätte es vielleicht auch selbst sein können – mit den Worten: «Gut gemacht.»

Die Bemerkung blieb mir in Erinnerung, weil sie gut spie-gelt, wie groß die Distanz, die Coolness gegenüber den Er-scheinungen der Welt heute ist. Wir stehen – imaginär die Hände in den Hosentaschen – der Welt gegenüber und sind die Zuschauer, die auf den nächsten Effekt, den nächsten Knall warten. Die Welt ist zur Kulisse geworden. Charles Bau-delaire beschreibt,[47] dass man heute seine Umgebung wie ein

Museum verstehe, in dem man Wesen und Gegenstände wie Ausstellungsstücke begreife. Die Emanzipation von Natur und Welt ist so weit fortgeschritten, dass man sich als ein Gegenüber erlebt. Wir sind, so charakterisiert es Max Weber, in einem stahlharten Gehäuse gefangen.[48]

Es gibt viele Bilder und Beschreibungen für diese Entmystifizierung der Welt, die im 20. Jahrhundert mit Auto, Kunstdünger und elektrischem Licht das Leben verwandelte. Wir seien jetzt, so formulierte es Papst Benedikt II. in seiner Rede 2011 im Deutschen Bundestag, bei einer sich exklusiv gebenden Vernunft angelangt, «die über das Funktionieren hinaus nichts wahrnehmen kann, sie gleicht den Betonbauten ohne Fenster, in denen wir uns Klima und Licht selber geben». Die Fenster müssten wieder aufgerissen werden, forderte er weiter.

Nun haben Schule und Erziehung heute die Aufgabe, den Kindern und Jugendlichen Wege und Erlebnisfelder zur Welt, in die Welt aufzuzeigen. Das setzt voraus, dass man selbst als Eltern und Lehrer Zugänge zur Welt, aus der unser rationaler Verstand uns emanzipiert hat, findet. Den Vergleich Benedikts mit den Fenstern würde ich allerdings etwas abändern: Es sind nicht die alten Fenster, die wieder zu öffnen sind, sondern es geht um neue Fenster.

Doch wie lassen sich diese neuen Fenster finden und öffnen?

Während unser Denken von einem Gegenüber bestimmt
ist und im Willen die Begegnung mit der Welt geschieht, ist
das Gefühl die seelische Bewegung, bei der es um den Brü-
ckenschlag von Welt und Persönlichkeit geht. Deshalb ist die
Frage nach der Beziehung von Mensch und Welt eine Frage
nach dem Gefühl. Um dessen heutige Beschaffenheit besser
zu verstehen, lohnt es sich, einen – zugegeben sehr groben –
Dreischritt in der Entwicklung des Gefühlslebens in den Blick
zu nehmen, der sich aus den großen Zyklen der menschlichen
Geschichte ablesen lässt.*

Die ältesten unmittelbaren Zeugnisse des menschlichen
Gefühlslebens stammen aus den ersten Schriftkulturen. Alle
älteren Überlieferungen aus dem 4. Jahrtausend und noch
früher erlauben nur gröbere Schlüsse, weil es hier aus Stein-
ritzungen keine schriftlichen Darstellungen gibt. Aus ägyp-
tischer Zeit nun geben die Texte «Gesänge vom Nil», eine
Sammlung des Ägyptologen Erik Hornung, einen Geschmack
des altägyptischen Gefühlslebens. In den sogenannten Mahn-
worten des Ipuwer, vermutlich um 1900 v. Chr. geschrieben,
beklagt der Schreibende das Chaos in der Zwischenzeit.[49]

Hier ein paar Zeilen aus dem langen Papyrus:

---

* Die hier beschriebenen Entwicklungsschritte lassen sich selbstverständlich auch in anderen Kulturen skizzieren. Der Einfachheit halber beschränke
ich mich hier auf die «Klassiker» Ägpyten und Griechenland bzw Rom.

«Wahrlich, das Gesicht ist bleich ...

Verbrechen ist überall ...

nichts kann der Schöpfer mehr bilden, wegen des Zustands der Welt ...

Wahrlich, die Menschen sehen aus wie Trauervögel, voller Schmutz ist das Land,

Wahrlich, die Welt dreht sich wie eine Töpferscheibe,

Wahrlich, die Krokodile sind satt von ihrem Fang,

Wahrlich, die Wüste ist durch die Welt hin ausgebreitet,

Wahrlich, das Lachen hat aufgehört, man wird taub von dem Lärm,

Wahrlich, Groß und Klein sagen: Ach, wäre ich tot.

Die kleinen Kinder sagen: Hätte er mir doch nie das Leben gegeben! ...

O gäbe es doch ein Ende mit den Menschen ...»

So geht es Seiten über Seiten weiter. Das Chaos, Hunger und Krieg im Land, all das spiegelt sich eins zu eins in der Seele und fließt in die Zeilen. Das Gefühlsleben macht alles mit, was im Inneren erlebt wird. Alles regt auf, empört und begeistert – die Seele ist mit allen Eindrücken verbunden. Dass man so von den Ereignissen gebannt ist, erlebt man heute kaum noch. Das Medium Film bietet allerdings die Möglichkeit, in diese ägyptische Seelenverfassung des unmittelbaren Mitfühlens wieder einzusteigen.

Mit der griechischen Kultur wandelt sich das Gefühlsleben. «Medèn ágan» («Alles mit Maß»), diese Worte, die auf
dem Tempel von Delphi festgehalten sind, werden zum Ideal.
Ob in den griechischen Mythen, den Tragödien von Sophok-
les und Aischylos oder den philosophischen Reden von Sokra-
tes, immer geht es darum, sein Gefühlsleben zu kultivieren,
in eine ruhige Mitte zu bringen. Die griechische Plastik mit
Stand- und Spielbein bringt dieses Tarieren ins steinerne Bild.

Schon als Schüler hat mich die Schilderung begeistert,
wenn der Feldherr nach einer gewonnenen Schlacht zu seinem
Triumphzug in Rom einzieht. Gesäumt von den hunderttau-
send Bürgern Roms zieht der Feldherr in roter Toga mit einem
Pferdegespann, von Hornklängen begleitet, zum Kapitol. Hinter ihm steht ein Staatssklave und flüstert ihm fortwährend ins
Ohr: «Memento mori!» («Bedenke, du bist sterblich.»)

Wieder die Forderung, die Gefühle zu beherrschen. So hat
man bei der Ausgrabung in Pompeji Soldaten vorgefunden,
die aufrecht standen und eine Lanze in der Hand hielten. Ihnen wurde wohl befohlen, eine Villa zu bewachen, während
sich die vor dem Ascheregen fliehenden Patrizier in Sicherheit
brachten. Welche Angst muss ein solcher Soldat ausgestanden
haben, als die Asche um seinen Körper wuchs! Hier wird die Beherrschung der Gefühle bis zur Entmenschlichung getrieben.

Wenn also im alten Ägypten in der Seele das Leben in Gefühlen vorherrschte, im alten Griechenland und Rom es um die

Kultivierung und Beherrschung des Gefühls ging, was ist dann ein nächster Schritt? Das beantworten die Künstler, denn die Kunst bringt das Verhältnis von Mensch und Welt ins Bild. Bei einer Ausstellung der Malerin Jasminka Bogdanovic mit fast einfarbigen nachtblauen großen Bildern fragte ein Besucher die anwesende Künstlerin, was die Bilder denn «sagen» würden. Darauf antwortete die Malerin: «Nichts» und setzte mit einer Gegenfrage fort: «Was wollen Sie dem Bild sagen?»

Es gehört zur modernen Kunst, dass sie das natürlich sich bildende Gefühlsleben nicht bedient, sondern vielmehr zu einem Dialog, einem Prozess einlädt, aus dem sich dann neue Formen des Schauens, Verstehens und auch des Fühlens bilden. Dieser Prozess kann allerdings nur geschehen, wenn man aushält, dass vordergründig nichts zu fühlen ist.

Es ist sicher kein Zufall, dass sowohl der Buddhismus als auch der Islam und das Christentum in der Wüste ihren Anfang nahmen, also einem Ort, der diese Leere und Ödnis spiegelt. Das scheint der dritte Schritt in der Entwicklung des Gefühls zu sein, dass es weniger darum geht, sich in Gefühlen zu baden, als vielmehr dort, wo sich kein Gefühl regt, neue Gefühle und Empfindungen hervorzubringen. Diese so selbst geschaffenen Gefühle sind weniger spektakulär, weniger berauschend, aber sie sind selbst gewonnen, sie «gehören» der eigenen Seele und haben deshalb Tragkraft.

Doch wie bilden sich diese neuen Gefühle? Rudolf Steiners

Schlüssel dazu lautet:[50] «Der Weg zum Herzen geht durch den Kopf.»*

Weil Rudolf Steiner fürchtet, missverstanden zu werden, schließt er an den Satz ein drastisches Beispiel an. Selbst wenn man sich verlieben würde, dann sei am Anfang eine Vorstellung, also etwas Gedankliches, da. Man bildet sich von dem anderen Menschen eine ideale Vorstellung, und dieser Vorstellung folgt dann das Gefühl.

Um eine Beziehung zu den Dingen und Wesen der Welt zu bekommen, ist es notwendig, neu über die Dinge und die Erscheinungen nachzudenken, und zwar so, dass nicht Beherrschung von Natur und Mitwelt, sondern Beziehung im Vordergrund stehen. Jede Beziehung fängt mit Achtung und Interesse gegenüber dem noch Fremden an und mündet über Anteilnahme schließlich im Verstehen.

Dieser Weg des Sich-zu-eigen-Machens der Welt zieht sich durch die ganze Waldorfschule. Es ist ein Weg, der sowohl intellektuell als auch empathisch ist, ja, ich behaupte, es gibt heute keine Fragestellung, kein Sachproblem mehr, für das nicht die Vereinigung von Erkennen und Lieben notwendig ist – oder, weniger groß formuliert, in dem nicht Distanz und

---

* Dieser Kernsatz findet sich auf S. 25 des betreffenden Buches und ist wie so oft ein Hinweis darauf, dass ähnlich wie in Symphonien das Wichtigste in Büchern auf den ersten Seiten zu finden ist. Wer nicht viel liest, kann sich deshalb auf das erste Kapitel beschränken.

Nähe zusammenkommen müssen. In diesem Wechselspiel bilden sich neue Gefühle.

Das beginnt in der Waldorfschule mit dem ersten Buchstaben. Das «A» besteht dann nicht nur aus drei Strichen, das ist nur der Schatten des Lautes, sondern gehört zu jedem Staunen, jeder Überraschung, die man empfindet. Auf allen Kontinenten stößt man ein «Ahh» aus, wenn etwas Großes oder Sonderbares geschieht. Die Erstklässler sammeln die Worte, die diesen Geist des ersten Vokals in sich tragen: Atem, Andacht, Anfang, All. Das «A» ist dann nicht nur in der schreibenden Hand geläufig, sondern dazu korrespondiert eine Empfindung, die vielleicht mit einem Lied «Abendstille überall, nur am Bach die Nachtigall ...» weitergeführt wird. So wie sich die Farben der Klassenräume vom rötlichen Ton in den unteren Klassen zu kühlen, nüchternen Farben, zum Beispiel Türkis in den oberen Klassen, wandeln, so wird der Unterricht natürlich immer nüchterner und intellektueller. Was aber nie aufhört, das ist, dass bei allen Stoffen Zugänge zur Innenseite des Themas gesucht und angeboten werden.

Erst mit vierzig las ich beispielsweise, dass die Weltmeere so schnell fließen, wie wir Menschen laufen. So fließt der Humboldtstrom etwa 1,5 m pro Sekunde und der schnelle Golfstrom 2 m pro Sekunde. Ja, selbst Flüsse und Bäche, wenn sie nicht begradigt sind, fließen in Gehgeschwindigkeit. Natürlich ist hier kein kausaler Zusammenhang, aber gleichwohl gehört es zur Beheimatung auf der Erde, dass man weiß: Du schreitest und gehst so schnell, wie das Oberflächenwasser auf der Erde fließt – da bist du synchron. Kein Wunder, dass in allen Religionen als Prozession und Kult das Gehen einen so hohen Stellenwert hat.

Es gibt zwei Formen des Wissens: das Verfügungswissen und das Orientierungswissen. Das Verfügungswissen bedeutet, die Welt verfügbar zu machen, zu wissen, wie man Holz spaltet und wie man in Prozenten rechnet, wie man Futur I gebraucht und wie man Säuren neutralisiert. Francis Bacon hat wohl als Erster in seiner Utopie von 1629, *Neu-Atlantis*, die Idee formuliert, dass genau das die Aufgabe der Naturwissenschaft sei, die Welt verfügbar zu machen, damit das Leben für möglichst viele Menschen angenehm sei.[51] Auf einer Insel der Glücklichen gäbe es Labors, in denen so geforscht würde, dass alle Krankheit und alles Leid bezwungen würden.

Die Naturwissenschaft dient also der Technik. Sie hilft mir beispielsweise, mich schnell zu bewegen, aber kann mir nicht sagen, ob das auch sinnvoll ist. Das ist das Verfügungswissen. Der Philosoph Ludwig Wittgenstein formulierte dazu: «Wir fühlen, dass selbst, wenn alle möglichen wissenschaftlichen Fragen beantwortet sind, unsere Lebensprobleme noch gar nicht berührt sind.»[52]

Damit weist er auf die andere Seite des Wissens, das Orientierungswissen. Wenn ich verstehe, warum die Natur im Frühling nichts in der Farbe eines knalligen Rots blühen lässt, oder wenn ich weiß, dass die Venuskonjunktionen die gleiche Form wie die Blütenstruktur der Rosaceengewächse Rose, Apfel oder Erdbeere besitzen, dann kann ich daraus keine Maschinen bauen, aber ich kann mich besser in der Welt beheimaten, ich finde Orientierung.

Die heutige Naturwissenschaft betont das Verfügungswissen, sie ist zum Diener der Technik geworden. Wir beherrschen die Natur immer, aber zugleich wird der Sinn des Lebens immer unverständlicher. «Wir haben eine Wissenschaft, an die wir nicht glauben, und eine Religion, die wir nicht mehr verstehen», so charakterisierte Joachim Daniel in seinen Vorträgen zur Weltgeschichte das wechselseitige Unvermögen von Wissenschaft und Religion.[53] In der Waldorfschule geht es deshalb immer wieder auch um das Orientierungswissen, also darum, Zusammenhänge zu verstehen, die helfen, sich zurechtzufinden und Verantwortung übernehmen zu können.

Wie wir über die Dinge denken, prägt unser Gefühl, und das Gefühl schließlich bestimmt unser Handeln. Ich möchte dazu noch ein Beispiel geben: In meiner Schulzeit, im Biologieunterricht der Oberstufe, hatte ich gehört, die Befruchtung der menschlichen Eizelle komme so zustande, dass die schnellste Samenzelle in einer Art Wettrennen die Eizelle erreicht. Ich fühlte damals als Schüler ganz deutlich, dass das nicht wahr sein kann; wir Menschen sind nicht das Produkt eines Wettkampfes. Ich spürte: Jetzt wird dir etwas vorgemacht. Mir fehlte natürlich das Wissen, um unserer Lehrerin widersprechen zu können. Welch eine Befreiung war es, als ich zwanzig Jahre später dann erfuhr, dass es tatsächlich Unsinn ist, hier von einem Wettrennen zu sprechen, in Anlehnung an Darwins «Survival of the fittest».

Wie ist es wirklich? Wenn nur *eine* Samenzelle es bis zur Eizelle schafft, dann kann es gar nicht zur Befruchtung kommen, dazu sind Hunderte Samenzellen notwendig. Erst sie gemeinsam bilden ein chemisches Milieu, das die Eizelle dazu veranlasst, ihre Oberflächenstruktur so zu ändern, dass sie durchlässig wird für die Samenzellen. Gleichzeitig aktiviert die Eizelle den Kopf der Samenzellen, der sonst nicht befruchtungsfähig wäre.[54] Gegenseitig, so beschreibt es Lennart Nilsson, aktivieren sich Eizelle und Samenzellen.* Nicht Kampf, sondern Begegnung steht am Anfang des Lebens, Ei- und Samenzellen bemerken sich gegenseitig und aktivieren sich. Nicht Kompetition, sondern Kooperation – ist das nicht großartig? Nicht Geschwindigkeit steht am Anfang des Lebens, sondern Ruhe, denn die Samenzellen gruppieren sich für Stunden um die Eizelle.

---

* Wobei auch dieser Autor mit unsinnigen Vergleichen der Samenzellen als «Rugby-Mannschaft», «Gewinner» und «Verlierer» im darwinistischen Kontext bleibt.

Wer denkt, dass das Leben mit einem Wettkampf beginnt, wird eine Ellenbogengesellschaft und das Recht des Stärkeren als «natürlich» empfinden und wird deshalb auch – das darf man mit Recht vermuten – weniger empathisch gegenüber anderen, Schwächeren sein. Es ist eine geistige Form von Gefangenschaft, wenn solche Modellvorstellungen zur vermeintlichen wissenschaftlichen Tatsache werden, dann die gefühlsmäßige Einstellung bestimmen und schließlich die eigenen Entscheidungen und Entschlüsse prägen.

Um zu einem verantwortungsvollen Handeln zu kommen, lohnt es sich deshalb, bei den Gedanken und Ideen anzusetzen. Daher spielt es eine große Rolle, «wie» man über die Dinge, Erscheinungen und Wesen im Unterricht spricht. Neurobiologen wie Gerald Hüther[55] beschreiben, dass sich die Empfindung, die bei der ursprünglichen Berührung mit einem Thema durch die Seele zieht, bleibend einschreibt. Wenn man viel später nun das Gelernte nutzt, so ist die ursprüngliche Empfindung wieder anwesend.

Viele Schüler lernen die negativen Zahlen über den Schuldenbegriff. Das klingt ganz harmlos: Ute hat 10 Euro, kauft sich aber ein T-Shirt für 15 Euro. Wie viele Schulden muss sie jetzt bei ihrer Freundin machen? Sie hat jetzt –5 Euro.

Wenn man dreißig Jahre später mit negativen Zahlen rechnen muss, dann ist ein feines negatives Gefühl mit der Rechnung verbunden, selbst wenn es um eine positive Angelegen-

heit geht. Wie anders ist es, wenn man die negativen Zahlen
nicht über den Schuldenbegriff, sondern mit Luftballons
eingeführt hat. Konkret: Auf der Schale einer Waage stehen
Gewichte von 10 Kilogramm. Jetzt werden aber 15 Luftballons
an die Waagschale gebunden, wobei jeder der Ballons mit 1 kg
nach oben zieht. Wie schwer ist jetzt die Waagschale, bzw. wie
viel Kilogramm könnte ich noch draufpacken, ohne dass sie
sich neigt? Auf der Waagschale ist jetzt ein Gewicht von –5 kg.

In dieser Rechnung sind die negativen Zahlen solche, die
hinaufheben, Zahlen der Leichte, nicht der Schwere. So werden die negativen Zahlen mit positivem Gefühl verbunden.
Mir begegnet dieses Gefühl wöchentlich, wenn ich an meiner
örtlichen Abfallstation die Stimmung all der Menschen be-
obachte, die sich von ihrem Müll trennen. Diesem Loslassen
entsprechen die negativen Zahlen. Seelisch ist das Loslassen
eine wichtige Kompetenz. Bei der Einführung der negativen
Zahlen schafft die Waldorfpädagogik dafür einen Boden.

Wenn in der 7. Klasse von Entdeckern die Rede ist oder in
der 9. Klasse die Weltkriege behandelt werden, ist offensicht-
lich, dass es auch um Sinnfragen geht. Das sollte aber auch für
die Grammatik in der 4. Klasse, den Dreisatz in der 6. Klasse
oder die Satzbildung in der 7. Klasse gelten. Können wir so unterrichten, dass es keine «trockenen» Fächer gibt?

6. ... und schließt Partnerschaft mit der Zeit

«Des Menschen Engel ist die Zeit.»[56]

Friedrich Schiller

10. Klasse, Physik, Mechanik, Rudolf-Steiner-Schule Hamburg-Wandsbek. Es waren die letzten Unterrichtsminuten vor der Pause. Die Schüler fingen schon an, ihre Hefte und Stifte einzupacken, da rief der Lehrer in die wachsende Unruhe hinein: «Schaut noch mal kurz, eine kleine Sache habe ich hier noch ...»

Er hielt ein t-förmiges Gebilde an dessen Senkrechte in die Höhe. Am waagrechten Stab darüber waren an den Enden zwei kleine rote Bälle zu sehen. Mit dem Daumen konnte man einen Knopf auslösen, dann fiel eine der beiden Kugeln senkrecht nach unten, während gleichzeitig die andere waagrecht weggeschossen wurde. Der Lehrer drückte also, und wie erwartet fiel die eine Kugel zu Boden, während die andere in einer klassischen Wurfparabel vor den Augen der Schüler zur Seite fegte. Die Überraschung kam wenige Augenblicke später: Es war nur ein einziges «Klick» zu hören, als die Kugeln aufkamen.

Kurze Stille, dann erste Handzeichen und Rufe: «Ich weiß es, ich weiß es.» Da – und das Timing hätte nicht besser sein können – klingelte die Pausenglocke, und der Lehrer sagte nur: «Morgen geht's weiter!»

Kurze Proteste, dann stürmten die Schüler doch hinaus.

Mit dem Versuch am Unterrichtsende, ohne ihn zu erklären, hat der Lehrer eine Hausaufgabe gestellt, die die Schüler höchstwahrscheinlich nachts bearbeiten werden.

Zwischen Mandelkern und Großhirnrinde, so erklären es die Neurobiologen, feuert im Schlaf der kurze Versuch nun Hunderte Male. Am nächsten Morgen scheint es dann, als hätten sich die Schüler recht ausführlich mit dem Versuch beschäftigt, aber tatsächlich ist das im Schlaf geschehen. Anstelle langweiliger Versuchsbeschreibungen sind die Schüler im Schlaf den Versuch zur Gravitation noch einmal durchgegangen – vor allem, weil noch keine Erklärung die Sache abgeschlossen hatte. Die Erklärung kommt erst jetzt, frühestens jetzt, bei komplexeren Dingen sogar erst am dritten Tag.

Der Epochenunterricht, in dem die Schüler drei oder vier Wochen tagtäglich das gleiche Fach haben, erlaubt, so die Nacht als Lernzeit mit einzuschließen. Mittlerweile ist ja unstrittig, dass in der Nacht die menschliche Aktivität nicht geringer ist, sondern auf anderem Feld stattfindet. Das nutzt die Waldorfpädagogik, indem sie die Nachtseite des Lernens in den Unterricht integriert. Deshalb finden die Stunden des Epochenunterrichtes auch direkt am Morgen statt, wenn die Schülerinnen und Schüler aus der Nacht in den Unterricht kommen und so die Fragen des letzten Tages mit unbewussten inneren

Antworten versehen haben. Gerade die REM-Phasen des Schlafes spielen für die Gedächtnisbildung eine große Rolle.[57] Tatsächlich lernen die Kinder viel im Schlaf, und der Epochenunterricht nutzt diese Nachtseite des Lernens viel besser als der übliche zerpflügte Unterricht an zwei oder drei Wochentagen.

Die einzelnen Epochen in Deutsch, Geschichte oder Mathematik dauern nun in der Regel drei oder vier Wochen. Das ist eine Länge, die sich auch in der jüngeren chronobiologischen Forschung als eine Zeitdauer erweist, in der sich neue Fähigkeiten nachhaltig etablieren können.[58] Das zeigt auch die Selbstbeobachtung. Wenn man sich einen neuen Stoff aneignet oder im Sport einen neuen Bewegungsablauf einübt, dann wird nach einem Monat das ursprünglich Fremde zum Eigenen.

Dabei hat jede Woche ihren typischen Charakter. Es lohnt sich, die Phasen einmal anhand eigener Projekte oder Studienarbeiten zu verfolgen, dann stößt man selbst auf diese vier unterschiedlichen Stadien. Die erste Woche lässt sich mit «Zauber des Anfangs» überschreiben. Das Neue des Themas schenkt einem Rückenwind. Der Zauber erlischt spätestens mit der zweiten Woche, in der man im eigentlichen Thema angekommen ist und auch die Schwierigkeiten erlebt. In der dritten Woche gewinnt man seine eigene Souveränität. Hier gibt es häufig einen Test, und zwar nicht nur, damit die Schüler sehen, wo sie stehen, sondern auch, damit der Lehrer erfährt, was er in der verbleibenden Zeit noch verbessern kann. Die vierte Woche verweist schon auf neue, spätere Gebiete.

In diesen vier Wochen füllen sich ein oder zwei Schulhefte mit den persönlichen Aufzeichnungen, Tafelmitschrieben und Hausarbeiten. Als ich vor ein paar Jahren eine Mathematikepoche in einer 12. Klasse im Juni hatte, schlug ich halb im Spaß, halb im Ernst vor, die Epochenhefte doch zum Anfeuern des großen Johannifeuers am 24. Juni zu nehmen. Es war eine kleine Provokation, um den Schülern deutlich zu machen, dass eine Beschäftigung mit einem Thema über drei oder vier Wochen sich so tief einprägt, dass aus Wissen Fähigkeit und schließlich Fertigkeit wird. Was in den Heften steht, ist Teil der Persönlichkeit geworden, sodass die Hefte jetzt ins Feuer können. Es geht hier um das schöpferische Vergessen, denn so wie die Kinder lernen, Dinge zu behalten, müssen sie auch viel vergessen dürfen. Dieses Vergessen sollte allerdings erst dann geschehen, wenn der Stoff ganz ein Teil der eigenen Seele geworden ist. Das leistet der Epochenunterricht.

Diese Form des kompakten Unterrichts ist das Erste, was hinsichtlich des besonderen Zeitmanagements an Waldorfschulen zu nennen ist, doch es kommen noch drei weitere Dinge hinzu. Der zweite Aspekt betrifft die Gestaltung jeder einzelnen Unterrichtsstunde. Sie folgt Rudolf Steiners Anregung, dass die Kinder vor allem atmen lernen sollten.[59] Damit ist gemeint, dass bei jedem Atemzug sich das Verhältnis von Innen und Außen ausgleicht. Ein typisches Bild: Ein Junge steht auf dem Dreimeterbrett und will bzw. muss zum ersten Mal hinunterspringen. Da formt er die Lippen zu einem O und bläst kräftig aus. Dann springt er.

Ausatmen – am stärksten tut man es beim Lachen – repräsentiert die Kraft der eigenen Seele. Man lässt die Luft heraus, und damit stößt man ein wenig die ganze Welt von sich. Umgekehrt ist es beim Einatmen; hier strömt die Luft in die Lungen, hier ist die Welt stärker. Weinen ist deshalb die gesteigerte Form von Einatmen. Es sind zwei Bewegungen der Seele, die Goethe in folgende Zeilen fasst:[60]

Im Atemholen sind zweierlei Gnaden:
Die Luft einziehen, sich ihrer entladen;
Jenes bedrängt, dieses erfrischt;
So wunderbar ist das Leben gemischt.
Du danke Gott, wenn er dich presst,
Und dank ihm, wenn er dich wieder entlässt.

Mal verbindet man sich mit der Welt und wird eins mit ihr, dann geht man in Opposition und vermag erst jetzt über sie nachzudenken. «Der Fotograf ist nie auf dem Bild», so charakterisiert ganz simpel Erich Kästner diesen Gegensatz.[61] Wenn man denkt, steht man der Welt gegenüber, atmet sie aus;

wenn man tätig ist, ist man in allen Prozessen drin und atmet ein. Ein harmonische Pendelschlag, ein «Atem» zwischen diesen Polen macht einen Unterricht aus, der die Kinder fordert und erfrischt.

Ein Beispiel: Im Unterricht von Till von Grotthuss, 1. Klasse in München (siehe auch S. 135ff.). Einige Erstklässler stehen vorne und sprechen folgende Zeilen:

Es schleichen, es schleichen die traurigen Pferde,
Sie hängen die Köpfe bis tief an die Erde.
Es traben, es traben die hurtigen Pferde,
Sie klopfen mit klingenden Hufen die Erde.
Es springen, es springen die mutigen Pferde,
Sie werfen die Köpfe, sie stampfen die Erde!

Der Rest der Klasse läuft im Kreis um die Bänke und spielt erst die schleichenden, dann trabenden, dann springenden Pferde. Da gibt es kein Halten mehr, die Kinder rasen im Kreis, und um dem noch mehr Feuer zu geben, hat Till von Grotthuss auf einer Bank am Rand Teelichter entzündet. Die sollen durch den «Fahrtwind» der stürmenden Kinder ausgeblasen werden. Nicht Höchstgeschwindigkeit, sondern Mindestgeschwindigkeit ist jetzt gefordert. Die Kinder wirbeln schreiend im Kreis, bis tatsächlich alle Lichter erloschen sind. Diese gleiche Klasse ist etwas später absolut still. Till von Grotthuss

darf selbst nicht sprechen, nur leise auftreten und nur pantomimisch Erklärungen abgeben.

Dieses Spiel von ausgelassen und konzentriert, von extro-
vertiert und introvertiert zu orchestrieren, das macht den
Unterricht zu einer künstlerischen Sache. Im alten Griechenland, in der tausend Jahre dauernden Denkschule von Delphi
residierten abwechselnd der Gott Apoll und dann der Gott
Dionysos; der Gott der Ordnung und Klarheit und der Gott der
Ekstase und des Spiels wechselten sich mit den Jahreszeiten
ab. Es sind zwei Seiten der Seele (die Nietzsche dann in den
philosophischen Himmel hebt[62]), die sich für die Entwicklung gegenseitig die Hand geben und deshalb in jedem Unterricht – wie in einer Symphonie, in der auf das Allegro das
Andante folgt – ihren Platz haben sollten. Dieser Rhythmus
macht die Musikalität des Unterrichts aus, und gerade in der
Unterstufe ist der Atem von Ruhe und Dynamik, von Wind-
stille und Sturm wichtig. Wer so auch mal in der Schule einen
Moment des Rausches erlebt, braucht ihn nicht am Wochen-
ende mit Alkohol.

Die Dauer eines Unterrichtsfachs in Epochen und nun der
Rhythmus des Unterrichtens sind schon zwei zeitliche Strukturen des Waldorfunterrichts. Ein dritter Aspekt ist das, was
die Griechen Chronos nannten: der rechte Zeitpunkt. Er spielt
in der kindlichen Entwicklung eine große Rolle, denn in jedem Lebensalter öffnen und schließen sich bestimmte Fens-

ter für bestimmte Entwicklungen. Ich werde nicht vergessen, als einmal eine Sechstklässlerin im Mathematikunterricht sagte: «Nicht wahr, $6 \cdot 6$ ist immer $7 \cdot 5 + 1$.» Warum sagte das Mädchen «immer»? Es war eine Gelegenheit im Sinne eines Doppelpasses, den Ball zurückzuspielen mit der Antwort: «Richtig, und $7 \cdot 7$ ist immer $8 \cdot 6 + 1$».

Das Mädchen nickte, doch das Spiel ließ sich weitertreiben: «Was kann denn $6 \cdot 6$ auch noch sein? $8 \cdot 4 + \dots$»

«$+ 4$», sagte sie.

«$+ 2 \cdot 2$», ergänzte ich.

Die Schülerin sagte deshalb «immer», weil sie das allgemeine Gesetz entdeckt hatte, das dann unter den berühmt-berüchtigten binomischen Formeln firmiert.[*] Sie hat die Fähigkeit der Abstraktion entdeckt. Wenn mehrere Schüler diesen Schritt gemacht haben, dann ist die Klasse «reif» für die Algebra, die Rechnung mit x und y. Kommt dieses Thema ein halbes Jahr zu früh, dann sind die Schüler überfordert und fühlen sich in die Enge getrieben. Es geht zulasten ihres Freiheitsgefühls. Kommt das Thema zu spät, dann langweilt es. Erwischt man aber den richtigen Zeitpunkt – etwa beim Bruchrechnen in der 4. Klasse, wenn die Schüler zugleich typische Brechungen mit ihrer Umgebung erleben und Einsamkeitsempfindungen durchmachen,

---

[*] $6 \cdot 6 = 7 \cdot 5 + 1$ bedeutet $(6 + 1) \cdot (6 - 1) = 6 \cdot 6 - 1 \cdot 1$
$6 \cdot 6 = 8 \cdot 4 + 4$ bedeutet $(6 + 2) \cdot (6 - 2) = 6 \cdot 6 - 2 \cdot 2$ usw.

oder beim Stoff von Goethes *Faust* in der 12. Klasse, wenn sich die Frage nach dem Destruktiven in der Seele regt –, dann sind es Sternstunden im Unterricht.

Weil hier zählt, wo jede einzelne Klasse in ihrer besonderen Entwicklung gerade steht, kann nicht ein allgemeiner Lehrplan das Wann und Wie vorgeben, sondern es zählt das, was die Pädagogen in einer Klasse beobachten. Natürlich steht jeder Schüler dabei an seinem eigenen Punkt der Entwicklung, und doch bildet die Klasse auch ein gemeinsames Entwicklungsmoment.

Schließlich gehört als vierter Aspekt zum Herz der Waldorfpädagogik, mit den großen Entwicklungszyklen der Heranwachsenden zu rechnen und sie im Unterricht aufzugreifen. Dabei spielen die Siebenjahreszyklen, die schon in der griechischen Antike bei Hippokrates als «Hebdomaden» (Siebenjahresschritte) beschrieben sind,[*] eine wichtige Rolle. Die äußeren Anzeichen sind der Zahnwechsel mit sechs bis acht Jahren und die Pubertät mit dreizehn bis fünfzehn Jahren und schließlich die innere Volljährigkeit mit Anfang Zwanzig. Dabei sind diese Entwicklungsetappen mehr als nur biogra-

---

[*] Siehe im Corpus Hippokrates, Hebd. 5.L8,636. Danach kommen mit 7 Jahren die zweiten Zähne, mit 14 Jahren beginne die Jugend, die bis zum ersten Bartwuchs mit 21 Jahren dauere. Bis 35 Jahre sei der Körper voll ausgewachsen, die Reifezeit gehe bis 49 und die späte Reife bis 63 Jahre. Die Fähigkeit, Kinder zu zeugen, werde dann mit 12 mal 7 = 84 Jahren erlöschen.

fische Knoten oder Wendepunkte, sondern vielmehr weitere Geburten von Gliedern der menschlichen Organisation.

Als ich einmal Unterricht in einer 6. Klasse zu vertreten hatte, war es schwierig, mir anhand der Fotos die Namen der Kinder einzuprägen. Warum? Weil sie sich noch recht ähnlich sehen und außerdem linke und rechte Gesichtshälfte völlig symmetrisch sind. Welch ein Wandel setzt dann mit dreizehn oder vierzehn Jahren in der 7. und 8. Klasse ein! Jetzt schreibt sich die Persönlichkeit ins Antlitz, die Jugendlichen werden innerhalb von Monaten mit einem Male in ihren Gesichtszügen individueller.

Wieder gilt der Grundsatz, dass sich diese Kraft, sobald die Persönlichkeitsbildung die Physiognomie ergiffen hat, nun im Seelischen entfalten kann. Die Fähigkeit, sich empathisch auf andere Menschen einzulassen, mitzufühlen, ist jetzt da. Jeremy Rifkin beschreibt in seinem Buch *Die empathische Zivilisation*, wie mit jedem Lebensalter neue Möglichkeiten von Einfühlungsvermögen und Empathie wachsen. Er zeichnet ein eindrucksvolles Bild davon, wie gewissermaßen das Herz des Menschen mit sieben und dann mit vierzehn neu zu schlagen lernt.

«Um das siebte Lebensjahr herum beginnen Kinder sich ihrer empathischen Reaktionen bewusst zu werden, wozu Jüngere noch nicht in der Lage sind. Jetzt kommt zum Repertoire moralischer Verhaltensweisen das Empfinden sozialer

Verantwortung hinzu. Ein Kind dieses Alters lernt beispielsweise, dass es für den Erhalt von Freundschaften wichtig ist,
Versprechen zu halten, und dass sich der andere vielleicht be-
trogen und verletzt fühlt, wenn es diese Regel missachtet.»[63]

Und dann mit etwa vierzehn Jahren, wenn sich nun Ab-
straktionsvermögen und Empfindungsvermögen vereinen:
«Schließlich erreicht der junge Mensch im empathischen
Reifeprozess einen Punkt, an dem er die gesamte Person eines
anderen emotional und kognitiv erfassen und empathisch auf
sie reagieren kann. Beispielsweise ist er jetzt in der Lage, Mitleid mit einem Armen, einem körperlich oder geistig Behin-
derten zu empfinden. Er kann sogar mit einer Person mitlei-
den, die sich ihrer Situation überhaupt nicht bewusst ist.»[64]

Es ist berührend zuzuhören, wenn die Achtklässler einer
Waldorfschule in ihren Jahresreferaten vor den Eltern und
Bekannten über die Biografie von Nelson Mandela, Steve Jobs
oder Marylin Monroe sprechen. In keinem anderen Alter ist
die Möglichkeit, sich in andere authentisch und ursprünglich
hineinzuversetzen, so ausgeprägt wie mit vierzehn Jahren.
Jetzt befreit sich die Seele, ist aber noch nicht zu ihrer indivi-
duellen Eigenart gekommen.

Eines der eindrucksvollsten oder besser erschütterndsten
Beispiele von der zugleich starken und nüchternen Seelenkraft
dieses Alters fand ich in der Sammlung *Ich übe die Verteidigung*
mit Texten von Jugendlichen.[65] Die fünfzehnjährige Michelle

von Engelhardt beschreibt darin den tragischen Moment, als eine Mutter am Bett ihres sterbenden Kindes sitzt. Der Text endet mit dem Tod des Kindes und den Zeilen: «Die Schwester trat an das Bett heran, beugte sich hinab und legte die Hände des Kindes zusammen, nachdem sie die im Kampf angezogenen Beine gestreckt und ihm die Haare aus dem nun nicht mehr so verzweifelt aussehenden Gesicht gestrichen hatte. Die Mutter begriff. Sie konnte nicht weinen. Noch nicht.»

Wie Igel seien die Jugendlichen in diesem Alter, beschrieb der Waldorfdozent Georg Glöckler es einmal – Stacheln nach außen, um die reifende Seele zu schützen, die nun zu sich selbst kommt.

Ein weiterer, noch umfassenderer Entwicklungszyklus, der in der allgemeinen Anthropologie kaum beschrieben wird, ist der sogenannte Mondknotenzyklus. Den lunaren Namen hat dieser biografische Puls der menschlichen Entwicklung, weil er mit einem Rhythmus des Mondes korreliert. Die Mondbahn ist zur Ekliptik, also der Sonnenbahn, um 5 Grad geneigt. Diese schiefe Ebene der Mondbahn dreht sich nun wie ein Teller, den man schräg auf eine Tischplatte aufsetzt, im Rhythmus von 18,6 Jahren. Nach dieser Zeitdauer stehen Mondbahn und Sonnenbahn wieder im gleichen Verhältnis, während sie in der halben Zeit, nach 9,3 Jahren, gegensätzlich stehen. Die Marke von 9,3 Jahren wird in der Waldorfpädagogik als «Rubikon» bezeichnet. Denn ähnlich wie der italienische Grenzfluss, den Caesar mit seinem bewaffneten Heer überquerte – eine Grenzüberschreitung, von der es kein Zurück mehr gab –, bedeutet dieses Lebensalter, in der der Mond nun polar zur Geburt steht, eine Distanz, ein Vorgefühl, ein eigenständiges Ich zu sein.

Viele Kinder fragen sich in diesem Alter, ob die eigenen Eltern tatsächlich die leiblichen Eltern sind. Mädchen beginnen ein Poesiealbum zu führen. Gefühle von Einsamkeit und Verlassensein ziehen in diesem Stadium der Vorpubertät durch die Seele. Im Waldorfunterricht gehört das Bruchrechnen in der 3. und 4. Klasse in diese Erlebnissphäre. Geschichten von Waisenkindern wie Oliver Twist oder Harry Potter üben jetzt eine Anziehungskraft aus.

Ich selbst habe mich in diesem Alter gefragt, was passieren würde, wenn meine Eltern jetzt sterben würden. Da würde, so mein Gedanke, das Band zu den Geschwistern nicht mehr halten, und jeder wäre auf sich angewiesen. Also habe ich, um dem vorzugreifen, mir über einige Wochen eingeprägt, wie man kocht, Glühbirnen wechselt, die Heizung einstellt. Ein Freund erzählte mir, er habe in diesem Alter die Vorstellung gehabt, dass er der einzige echte Mensch sei. Alle anderen seien von Gott installierte Pseudomenschen, um ihn moralisch zu prüfen. Das Einsamkeitsgefühl dieses Lebensalters kann sich in verschiedene Bilder kleiden und wird im Unterricht der Waldorfschule aufgegriffen.

Mit 18,6 Jahren wiederholt sich die Geburtsstellung, und es gibt viele Menschen die in dieser Zeit durch eine besondere Begegnung, durch eine Krankheit oder sonst etwas näher darauf gestoßen werden, welche Richtung das eigene Leben nehmen soll. Auch hier versucht die Waldorfschule, diese existenziellen Fragen zu begleiten, wobei die Prüfungen in der 12. und 13. Klasse das nicht leicht machen.

Damit sind verschiedene Aspekte des Zeitlichen beschrieben: der Rhythmus im Unterrichten, der richtige Zeitpunkt des Stoffs und die biografischen Rhythmen – oder kürzer: das Wie, das Wie lang und das Wann. Und Schiller schreibt zu recht: «Des Menschen Engel ist die Zeit», weil mit den Instrumenten des Zeitlichen, dem Wann, Wie und Wie lang, wir Menschen uns entwickeln.

7. … und sucht den Menschen, um Mensch zu werden

«Jede Erziehung ist Selbsterziehung, und wir sind eigentlich als Lehrer und Erzieher nur die Umgebung des sich selbst erziehenden Kindes. Wir müssen die günstigste Umgebung abgeben, damit an uns das Kind sich so erzieht, wie es sich durch sein inneres Schicksal erziehen muss.» [66]

Rudolf Steiner

Eine meiner ersten Unterrichtserfahrungen war ein Praktikum an der Rudolf-Steiner-Schule in Hamburg-Wandsbek. Am ersten Schultag erschütterte eine schreckliche Nachricht die Schulgemeinschaft. Der junge Chemielehrer der Schule, Manfred Elson, war am Abend bei einem Opernbesuch von einem Linienbus erfasst worden und dabei ums Leben gekommen. So gab es eine Gedenkveranstaltung für die ganze Schule in dem neunhundert Schüler fassenden Saal. Eine Zwölftklässlerin stand auf der Bühne und sprach über ihren Lehrer. Was sie am meisten vermisse, sei dabei nicht sein Chemieunterricht, sondern sein Gesang mit der Klasse. Am Unterrichtsanfang habe er immer Lieder mit der Klasse gesungen. Er selbst sei allerdings schrecklich unmusikalisch gewesen und habe deshalb vor dem Unterricht bei einer Musiklehrerin Gesangsstunden genommen. Gerade diese Tatsache, dass er selbst, unmusikalisch wie er war, es dennoch versuchte, habe eine unglaubliche Energie in die Klasse gegeben.

Was die Schülerin schilderte, das ist häufig viel verborgener und doch der geheime Kern, der innere Herd der Waldorfpädagogik: die persönliche Schulung, der innere Weg der Lehrerinnen und Lehrer. Was keine Schulbehörde verlangen kann, kein Lehrplan benennt und so auch nicht von Eltern gefordert werden kann, ist doch gerade das, was im Schüler die größte Resonanz erzeugt: der meditative Weg der Lehrer. Die schon zitierte Hattie-Studie hat es mit großem Forschungsaufwand in Zahlen belegt: Was Schülern am meisten Lernerfolg bringt, sind Lehrerinnen und Lehrer, die sich dem Schüler persönlich zuwenden und ihm spiegeln, wo er steht und wie ein nächster Schritt aussehen kann. Es gibt nicht die perfekte Unterrichtsmethode, sondern was zählt, ist der Mensch.

Und wann ist man fähig, den anderen spiegeln zu können, zu sehen, wo und wie er steht? «Gleiches erkennt Gleiches» ist das Credo von Goethe, und das gilt auch hier. Wer von sich selbst weiß, wo er steht, wo seine Schwächen und Stärken liegen, ja, auch wo seine Schatten liegen, der vermag es im anderen ebenfalls zu sehen. Mit gutem Grund müssen Psychoanalytiker in ihrer Ausbildung über Jahre sich selbst einer Analyse unterziehen, bevor sie anderen dann gegenübertreten. So ist es auch beim Lehrer.

Erziehung ist Beziehung, und Beziehung gelingt auf Augenhöhe. Damit die Schüler in Bewegung kommen, sollte man als Pädagoge ebenfalls in Bewegung sein. Der verstorbene Chemielehrer Elson zeigte das seinen Schülern. An derselben Schule habe ich nun bei Mona Doosry hospitiert (siehe S. 177ff.) und wieder eine solche Lerngemeinschaft erlebt, in der es nicht darum geht, die Schüler zu belehren, sondern mit ihnen einen Weg zu gehen.

Der schon erwähnte Lehrer und Waldorfdozent Werner Rauer hatte eine Klasse zu unterrichten, in der seine Tochter als Schülerin war. Da gab es den Moment, wo ein Schüler aufstand und sich im Namen der Klasse beschwerte, dass Rauer als Lehrer seine Tochter bevorzuge. Anstatt sich zu entschuldigen und Besserung bzw. Gerechtigkeit zu versprechen, sagte dieser: «Natürlich bevorzuge ich meine Tochter – ich bin immer zuerst Vater, dann Lehrer.»

In der Klasse formiert sich Protest, doch dann erreicht diese Aussage wohl das Herz der Kinder, und sie nicken und denken vermutlich: ‹Einen solchen Vater will ich auch.›

Der Lehrer flüchtete sich nicht durch einen Allgemeinplatz auf sicheres Terrain, sondern zeigte sich ungeschützt und offen.

Es gehört zum Zauber unserer Zeit, dass vom Nachrichtensprecher über die Polizistin bis zum Lehrer diese Authentizität heute möglich und nötig ist.[*] Sich so zu zeigen, wie man ist, setzt voraus, dass man sich selbst auch anschauen lernt, über das alltägliche Selbstbewusstsein hinaus.

Am Goetheanum gibt es an der Westfront ein großes, rot gefärbtes Fenster, in dem der Entwicklungsweg der Persönlichkeit in Glas geschliffen zu sehen ist. Abgebildet ist ein Mensch, der in einen Abgrund schaut und dabei drei recht fürchterlich aussehende Fratzen, drei dämonische Wesen vor sich hat. Ein sich emporreckendes truthahnähnliches Geschöpf symbolisiert den Hochmut, ein zweites mit Stacheln anstelle der Haare Verachtung und ein drittes, eichhornartiges Wesen Ängstlichkeit. In der Persönlichkeitsentwicklung nach anthroposophischer Lesart geht es nicht darum, diese Ungeheuer in der Seele zu besiegen, sondern sie anschauen zu lernen, weil sie sich im Anschauen verändern.

Dieser Prozess ist ja in der Pädagogik gut bekannt. Wenn Schüler einmal etwas Übles angestellt haben, ist es der beste Weg, dass es gelingt, dass sie die Tat «zur Sprache bringen», sie anschauen lernen.

Der schon erwähnte Werner Rauer war mit einer Klasse in Hamburg, und einige Schüler hatten sich in eine Peepshow im Rotlichtviertel verirrt. Als es herauskam, rechneten die Schüler mit einer Predigt über das moralische Verwerfliche.

---

[*] Siehe das Kapitel «Heute ist alles fern und alles nah», S. 36ff.

Nichts davon. Der Lehrer bat sie, genau zu beschreiben, wo sie waren und was sie gesehen hatten. Diese Scham, dieser Blick auf die eigenen Handlungen, war, so Rauer, die bessere Korrektur als jede Predigt, denn es sind ja hier die Schüler selbst, die ihre Tat bewerten und dann korrigieren. Das Vorgehen folgt Rudolf Steiners Gedanken, den ich dem Kapitel vorangestellt habe: «Jede Erziehung ist Selbsterziehung.» Das ist ja in doppeltem Sinne gemeint. Es geht sowohl darum, die Kinder und Jugendlichen zur Selbsterziehung anzuregen, und zugleich darum, sich selbst zu erziehen, um mit eigener Selbsterziehung auch die Schüler zur Selbsterziehung anzuregen.

Auf eine unangenehme Tat oder einen wenig erfreulichen Charakterzug zu schauen ist dabei der erste, aber nicht der einzige Schritt. Es gibt in der Seele dunklere Bezirke, die sich umgekehrt zu den helleren verhalten. Während im Licht alles wächst, wenn man sich ihm zuwendet, Aufmerksamkeit also ein magisches Mittel ist, gibt es Felder, bei denen es andersherum ist: Da wächst in der Seele gerade dann etwas, wenn man es nicht beachtet. Um es noch etwas drastischer auszudrücken: Es sind Glieder in der Seele, die sich von Vernachlässigung und Nichtbeachtung ernähren.

«Doppelgänger» der Persönlichkeit hat Rudolf Steiner diesen Schatten genannt. Wenn der Dichter Hans Erich Nossack in seiner autobiografischen Erzählung von einem «Anderen» spricht,[67] der ihn schattenhaft begleitet, der fremd ist und doch wohl, wie Nossack schreibt, auf den eigenen Namen hören würde, dann ist es diese Personifikation unbekannter eigener Eigenschaften. Weil dieses Schatten-Ich existiert, wenn und weil es nicht gesehen wird, greifen Dichter wie Conrad Ferdinand Meyer zu Bildern von Nacht und Wald und einem schemenhaften Reiter, um ihn zu zeichnen. So etwa in dem Gedicht «Begegnung»:

Nicht zugewandt, nicht abgewandt,
Kam er, den Mantel umgeschlagen,
Mir deuchte, dass ich ihn gekannt
In alten, längst verschollnen Tagen.

Und dann am Schluss:

Doch keinen Namen hab ich dann
Als meinen eigenen gefunden,
Da Ross und Reiter schon im Tann
Und hinterm Schneegeflock verschwunden.

Diese Schattengestalt erlöst sich durch den Anblick. Große Persönlichkeiten scheinen diesen Weg der tieferen Selbst-erfahrung gegangen zu sein, das scheint ihre Ausstrahlung auszumachen. Denn anstelle dieses Schattens wird die nicht weniger verborgene Lichtseite der Persönlichkeit präsenter. Der Dichter Juan Ramón Jiménez zeichnet dieses stille Selbst:

Ich bin jener,
der an meiner Seite geht,
ohne dass ich ihn erblicke,
den ich oft besuche,
und den ich oft vergesse.
Jener, der ruhig schweigt, wenn ich spreche,
der sanftmütig verzeiht, wenn ich hasse,
der umherschweift, wo ich nicht bin,
der aufrecht bleiben wird, wenn ich sterbe.[68]

Dieser «Jene» wird sichtbar, wenn «der Andere» auch in den Blick kommt. Es gibt wohl keine Persönlichkeitsschulung, keine Religion, die nicht beide Richtungen als zwei Seiten einer Medaille anschaut. Wer sich zum Höheren wendet, muss sich dabei auch dem Dunklen stellen, sonst wird das Höhere leicht zur Verblendung, zur Illusion. Diese innere Arbeit des Lehrers, der Lehrerin bildet den Treibstoff für Selbsterziehung der Schülerinnen und Schüler. Das ist der rätselhafte Widerspruch. Obwohl man mit und in der Meditation ganz bei sich und für sich ist, wirkt diese Begegnung mit sich selbst auf andere. Wie ist das möglich?

Einer der schönsten und meist zitierten Aussprüche Christi ist dessen Hymnus auf die Kindheit: «Ich sage euch, wenn ihr nicht umkehrt und werdet wie die Kinder, werdet ihr nicht ins Himmelreich hineinkommen.» (Matthäus 18,3)

Wie wird man wie die Kinder? Eine eindrucksvolle Antwort darauf gibt Bodo von Plato in einer Sammlung von Texten zur Meditation.[69] Darin findet er drei Eigenschaften, die typischerweise zur Kindheit gehören. Es sind Vertrauen, Hoffnung und Unablässigkeit. Wer als Vater oder Mutter sein Kind im Sprung von einer Mauer aufgefangen hat, wird wohl nie mehr diese Urgeste des Vertrauens vergessen, mit dem die Kinder uns Erwachsene übergießen. Wie schrecklich muss es sein, wenn Mütter aus Armut und Hunger dieses Vertrauen «Du sorgst für mich» nicht erfüllen können.

Doch es ist nicht nur das Vertrauen in die Eltern, es ist auch das Vertrauen in die ganze Menschheit. So fragte das damals sechsjährige Kind eines Freundes nach, als es ungewollt von der Bombardierung Bagdads im Irakkrieg 2003 erfuhr, dass man dann doch den Bewohnern der Stadt vorher Bescheid gebe. Kindsein sei heiliges Ja-Sagen, so fasst der Philosoph Friedrich Nietzsche das Urvertrauen der Kinder.[70] Selbst in einem langen Leben scheint es kaum möglich, dieses uneingeschränkte Vertrauen zu seinen Mitmenschen und zur Welt wiederzuerlangen.

Eine Fußnote dazu ist die Tatsache, dass man in den Industrienationen meistens mehr Geld für Versicherungen aufwendet als für Nahrung. Die Enttäuschungen und Verletzungen erschüttern dieses Vertrauen der Kindheit und wandeln es in Vorsicht und Sorge. Kinder seien Realisten, Jugendliche Idealisten und Erwachsene Skeptiker, notiert Goethe.[71] Und doch kann durch Meditation und innerliche Kultur ein Gefühl in der Seele wachsen, das dem Vertrauen der Kinder verwandt ist: die Geduld. Wer sich entschließt zu meditieren, tut etwas, das allem Nützlichkeitsdenken widerspricht, denn ein wie auch immer aussehender Erfolg stellt sich nicht direkt ein. Was einen immer wieder und wieder in diesen inneren Raum der Ruhe und Konzentration führt, das ist die Geduld, denn die Geduld setzt eine Hoffnung, wo man sie noch nicht hat. Es ist ein Vorschuss auf die Zukunft, der zu jeder Form des Lernens gehört, in der Meditation allerdings reiner und existenzieller ist. Geduld ist dabei Voraussetzung und auch Ergebnis von meditativem Üben. Als Lehrer braucht man Geduld, in der Meditation übt man sie.

Im Studium habe ich nahe an einem Spielplatz gewohnt. Dort war eine Schiffschaukel installiert, auf der eine Handvoll Kinder Platz finden konnten. Die altersschwachen Gelenke quietschten charakteristisch, beim Schwung voran etwa einen Ton höher als beim Rückschwung. So wusste ich selbst von meinem Zimmer aus, ob die Schaukel in Betrieb war. Das war sie, stundenlang. Zum Kindsein gehört Unablässigkeit, gehört diese unermüdliche Ausdauer im selbstvergessenen Spiel. Die kurz getakteten Reize und ein Trommelfeuer von Überraschungen in Hunderten Filmen lassen in den Kindern diese Tugend allerdings verschütten.

Auch hier lohnt es sich zu fragen, wie sich im Erwachsenen

die Unablässigkeit, diese Liebe zur Gegenwart transformiert. Das ist die Treue. In der treuen, fortwährenden Hinwendung und immer wieder neu erzeugten Empathie an etwas, das einem am Herzen liegt, stößt man in die Region, die für Kinder ganz natürlich ist, das Einssein mit der Welt. Der neben Paul Cézanne bekannteste Stilllebenmaler des 20. Jahrhunderts, Giorgio Morandi, hat vierzig Jahre lang dieselben Dinge gemalt. Eine unendliche Treue, durch die er den Dingen eine einmalige Würde gegeben habe, wie Kunstkritiker es beschreiben.[72] Der immer wiederkehrende Entschluss, sich seine Schülerinnen und Schüler vor das innere Auge zu stellen, sich einem Bild oder Gedanken konzentriert hinzugeben oder, wie von Rudolf Steiner angeregt, die Kräfte und Energien des Lernens zu rufen, das verlangt und stiftet eine Treue, die wiederum den Schülern einen Halt und Boden gibt.

Doch nicht nur das – wer so die Treue übt auf einem bestimmten Feld, dem wächst bei allem rastlosen Treiben des Heute eine Ruhezone, ein inneres Widerlager der Sicherheit. Es ist ein besonderes Glück, wenn man mit jemandem spricht, der sich mit einer Sache vielleicht ein halbes Leben lang auseinandergesetzt hat. Mein Freund Thomas Didden beschäftigt sich beispielsweise seit seinem Geschichtsstudium vor bald vierzig Jahren mit dem Mythos von Parzival. Er hat das Werk im Mittelhochdeutschen studiert und rezitiert und vor Schülern und Studenten immer wieder darüber vorgetragen.

Wenn er heute darüber spricht, dann sind die Erkenntnisse zum Werk Wolframs von Eschenbach nicht spektakulär, aber die Äußerungen haben eine Energie, die eine Sache erst liefert, erst preisgibt, wenn die beschriebene Treue und Hartnäckigkeit vorliegen.

Diese Innenseite der Wissensvermittlung entdeckt man, wenn man verfolgt, bei wem und wann die Schülerinnen und Schüler im Unterricht Fragen stellen. Das kann bei gleichem Inhalt sehr verschieden sein. Einmal wird das Vorgebrachte still entgegengenommen, und in einem anderen Fall wollen die Fragen nicht aufhören. Woran liegt es? Das ist zumeist dort der Fall, wo die Schüler von der beschriebenen Energie verzaubert werden und spüren, dass hier sprichwörtlich mehr zu holen ist.

Eine dritte Tugend der Kindheit ist die Hoffnung. Bernd Ruf, der unmittelbar nach Katastrophenereignissen als Notfallpädagoge in Kriegs- und Krisengebieten mit Kindern und Jugendlichen arbeitet,[73] beschreibt, dass die Heranwachsenden selbst in den verzweifeltsten Lagen ihre Hoffnung bewahrten. Erst wenn um sie herum die Erwachsenen zusammenbrachen, verlören auch sie den Mut. So gehört es zum unerschütterlichen Glauben an die Menschen und das Gute in ihnen, dass für Kinder die Zukunft gut und zugleich überraschend sein wird.

Als Jugendlicher gab ich einem Schüler Nachhilfeunterricht. Nicht selten hörte ich dabei, wie sich dessen Eltern stritten. So fragte ich einmal etwas naiv den Vater, wann sie sich denn wieder vertragen würden. Er erwiderte nur: «Die Karre steckt so tief im Mist, die zieht niemand mehr heraus.» Das gehört also auch zur Welt der Erwachsenen, dass man keine Zukunft mehr sieht, so dachte ich damals. Hoffnung ist ein Vorschuss auf die Zukunft, die einem widerfährt.

Dieses Wohlwollen kann sich aber auch auf die Vergangenheit beziehen, dann wird es zur Dankbarkeit. Dankbarkeit bedeutet, anderen Menschen oder Umständen den Ertrag für die eigene Gegenwart zuzuschreiben. So wie ein kritischer Blick immer mehr Fehler in den Gesichtskreis drängt, so vermag die dankbare Haltung umgekehrt das Wohlwollen, den unvermerkten Rückenwind ins Bewusstsein zu heben. Es gibt wohl kaum eine fruchtbarere Beziehungsarbeit, als Dankbarkeit zu üben. Es ist naheliegend, dass man, wenn man so das Positive und Förderliche in der Vergangenheit sucht und findet, es auch in die Zukunft projiziert. Die wiederholte meditative Versenkung in das eigene Schicksal, in die eigenen Lebensumstände ist dabei wohl die nachhaltigste Form, ein solches Grundgefühl der Dankbarkeit zu entwickeln. Es sind also die meditativen Anstrengungen, die Vertrauen, Hoffnung und Unablässigkeit, die Gefühle der Kindheit in Geduld, Dankbarkeit und Treue auferstehen lassen und im Erziehenden das Kind wachsen lassen – ohne kindisch, ohne kindlich zu sein.

Im 20. Jahrhundert war es der Verzicht auf Noten in der

Unter- und Mittelstufe, war es der Verzicht auf Sitzenbleiben, waren es organisch gebaute Klassenräume und Flure und die Praxis des Epochenunterrichts, die Waldorfschulen zu Orten einer menschlichen Pädagogik werden ließen. Heute ist es, das mögen auch die nachfolgenden Hospitationsberichte belegen, die innere Kultur, sind es die meditativen Anstrengungen der Lehrerinnen und Lehrer, die zum Kern, zum Gütesiegel der Waldorfschulen gehören. Keine Behörde kann sie zertifizieren, kein Kollegium einfordern, weil Meditation nur als freie Tat – als zweckfreie Tat – Meditation ist. Gerade das macht sie so wertvoll.

Über den Zusammenhang von Kopf und Herz, von Erkennen und Lieben habe ich im vierten Kernpunkt bereits gesprochen. Der amerikanische Physiker und Gesprächspartner des Dalai Lama, Arthur Zajonc, stellt in seinem Buch *Aufbruch ins Unerwartete* die Frage, woran man denn erkennen könne, dass man sich in einer Meditation befinde, dass also die Meditation gelinge.[74] Seine Antwort: Es ist das Erlebnis, dass sich Verstehen und Empathie – oder stärker: Erkenntnis und Liebe – aufeinander zu bewegen. Erscheinen sie im Alltag häufig gegensätzlich, herrscht also die Vorstellung, dass man für das Verstehen Distanz brauche und die Zuneigung Nähe verlange, so gehört zur meditativen Erfahrung, dass man eigentlich nur das verstehen kann, was man bereit ist, lieben zu lernen, und nur das lieben kann, was man auch verstehen will. Liebe und

Erkenntnis erscheinen nicht mehr als Gegensätze, sondern als sich gegenseitig bedingende und gegenseitig befruchtende Seiten einer Medaille. Ich vermute und behaupte, dass es heute kein Problem, keine Fragestellung mehr gibt, zu deren Lösung und Antwort nicht diese Vereinigung von Liebe und Erkenntnis nötig ist.

Da ist mehr gemeint als das, was mit «emotionaler Intelligenz» beschrieben wird wie in Daniel Golemans Bestseller der Neunzigerjahre.[75] Es meint, dass in einer komplexen und widersprüchlichen Welt Verstehen, vor allem wo es mit anderen Menschen zu tun hat – und das ist in einer digitalisierten Gesellschaft beinahe überall der Fall –, nicht mehr aus einer Distanz, aus der sicheren Warte des Jägerhochsitzes gelingt, sondern aus der Nähe, dem Engagement, dem Sich-Einlassen erwächst. Umgekehrt gewinnen Empathie und Liebe ihre Kraft, wenn zum seelischen Engagement auch die Urteilskraft hinzukommt.

Wer sich dazu entschließt, Meditation irgendwie in sein Leben aufzunehmen, übt und vollzieht fortwährend diese Integration von Erkennen und Lieben. Weil es darüber hinaus eine Anstrengung bedeutet, ist auch der Wille beteiligt. Waldorfpädagogik bedeutet, für Kopf, Herz und Hand zu erziehen, damit diese drei Glieder zum gemeinsamen Werkzeug der Seele werden und sich so die heranwachsende Persönlichkeit in und mit ihnen entfalten kann. Meditation bedeutet, Kopf, Herz und Hand zu vereinen, und ist deshalb nichts anderes als der Unterricht selbst. Man wird als Lehrer wieder Schüler, Erziehung wird Selbsterziehung, und die Schüler werden dabei insgeheim zu Lehrer und Lehrerin. Denn die Schüler sind es, die durch ihr Tun und Lassen diese meditative Arbeit korrigieren und impulsieren.

Reisebericht Waldorfschule

*«Das erste Wirkende ist das Sein des Erziehers, das zweite,
was er tut, und das dritte erst, was er redet.»[76]*

Romano Guardini

In meinem ersten Schulpraktikum als werdender Waldorflehrer vertrat ich an der Waldorfschule Hannover-Bothfeld den
Lehrer einer 7. Klasse. Es war Januar, und auf dem Pausenhof
lag knöchelhoch der Schnee. In der Konferenz am Vorabend
hieß es: Wer mit seinen Schülern während des Unterrichts
eine Schneeballschlacht machen wolle, sollte das Spiel bis zur
Unterrichtspause aufgelöst haben, damit es nicht alle Klassen anstecke. Mit meiner 7. Klasse ging ich also im Unterricht
hinaus, scheiterte aber völlig, das Schneewerfen rechtzeitig
zu beenden, und so eskalierte es zu einem Kampf der Klassen
gegeneinander. Mittags kam mir dann eine Lehrerin auf dem
Pausenhof entgegen. «Musste das sein?», waren kopfschüt-
telnd ihre Worte. Dann begegnete mir nach der nächsten Ecke
ihr Ehemann, ebenfalls Lehrer, und sagte: «Kein Lehrer hat's
gemacht, dafür der Praktikant – super!»

Es gibt nicht «die» Waldorfpädagogik, sondern es gibt etwa
vierzigtausend Waldorflehrerinnen und -lehrer weltweit. Sie
werden, wenn sie Klassenlehrer sind, fast alle Bruchrechnen

und Tierkunde in der 4. Klasse behandeln, werden gerne die Geschichte des Kinderbuchs *Milon und der Löwe* erzählen,[77] weil es kaum eine spannendere und einfühlsamere Geschichte zum alten Rom gibt. Sie werden vermutlich auch alle am ersten Schultag mit einem großen «I» und einem großen «C» als gerade und krumme Bewegung beginnen, deutschsprachig die beiden ersten Buchstaben von «Ich». Sie werden vermutlich auch an der Tür die Kinder mit Handschlag begrüßen und ab dem fünften Schuljahr den Unterricht mit Rudolf Steiners Spruch «Ich schaue in die Welt ...» beginnen.[78] Aber wie sie nun genau unterrichten und wann sie welchen Stoff behandeln, darin sind diese vierzigtausend Lehrer sehr verschieden. In meiner Reise zu zwölf Waldorfschulen konnte ich mich von dieser Vielfalt überzeugen, und hätte ich sie auf andere Länder oder sogar Kontinente ausgedehnt, so wäre die Vielfalt noch größer geworden.

Mit gutem Grund gehört zur DNA der Waldorfschule, dass es keinen klaren Leistungskatalog gibt, kein strenges Curriculum.[79] Immer wieder wird von Fachstellen kritisiert, dass solch ein Regelwerk fehle. Was macht aber denn Waldorfschule aus, wenn es keine eindeutige Roadmap gibt, was wann wie unterrichtet wird? Die sieben Kernpunkte der vorangehenden Seiten sind eine Antwort, die zweite Antwort folgt auf den nächsten Seiten.

Ich habe nun eine Reihe von Lehrerinnen und Lehrer

besucht und mich für einige Tage in ihren Unterricht gesetzt. Es dauerte nicht lange, da hatten die Kinder und Jugendlichen meine Gegenwart vergessen, und ich konnte so dem Auf und Ab, der Spannung und Entspannung im Unterricht folgen. Mich interessierte dabei, was die Kollegen tun, wenn es eine Störung gibt, wenn mit einem Mal ihre Geistesgegenwart gefragt ist, wenn also nicht ihre Vorbereitung sich erfüllt, sondern eigentlich nur das zählt, was sie sind.

Mich interessierte aber auch, zu verstehen, aus welcher Kraft und Liebe sie schöpfen, wie das, was sie aus Rudolf Steines pädagogischen Hinweisen und anthropologischen Erklärungen gewonnen haben, zur unbewussten pädagogischen Artistik wurde. Mein Resümee hier: Die meisten Lehrerinnen und Lehrer wissen nicht, wie gut, wie kreativ sie fortwährend sind. Sie schauen auf das, was noch besser sein könnte, und übersehen dabei den täglichen Zauber, den sie selbst hervorbringen. So möchte ich mich, bevor ich im Folgenden die Unterrichtstätigkeiten beschreibe, vor dieser Leistung für unsere Kinder verneigen – einer Leistung, die unbezahlbar ist, weil sie schließlich, bei aller Intelligenz und allem Wissen, das die Lehrer brauchen, nichts anderes ist als angewandte Liebe.

Es war eine Reise, die von einer Waldorfschule in München bis zu jener in Flensburg, von Münchenstein in der Schweiz bis nach Berlin-Kreuzberg führte. Es war eine Reise durch den Waldorfkosmos von der 1. bis zur 12. Klasse, von Physik über

Sport bis Eurythmie. Das geistige Band, das bei all der Verschiedenheit alle diese Unterrichtsstunden verbindet, will ich
hier nicht knüpfen, das möge aus den zwölf Berichten selbst
sichtbar werden.

Eine Beobachtung möchte ich allerdings hier voranstellen,
eine Beobachtung, die ich in dieser Form nicht erwartet hätte,
weil das, was ich in allen Unterrichtsstunden gesehen habe,
gar nicht unbedingt so von Anfang an in der Waldorfschule
veranlagt war; dazu stammt die Waldorfschule doch zu sehr
aus einer anderen Zeit. Bei allen Lehrerinnen und Lehrern,
selbst in der 1. Klasse in München oder in Münchenstein/
Schweiz, habe ich einen Unterricht in und auf Augenhöhe gesehen, in dem Lehrer und Schüler sich auf gleicher Höhe, in
gleicher Würde begegneten. «O je, schaut mal, Kinder, jetzt
hat der Herr von Grotthuss brüllen müssen und ist ganz rot
geworden», kommentiert beispielsweise der Lehrer Till von
Grotthuss (siehe den Bericht von Seite 135ff.) vor der ganzen
Klasse sich selbst, nachdem er für kurze Zeit hat laut werden
müssen. Dann tätschelt er seine Wangen und vergewissert
sich bei den Kindern, ob denn die Rötung vom Ärgern jetzt
wieder weg sei. Die Erstklässler nicken.

Wie die Seele die Mitte findet.
Christiane Hewel

Rudolf Steiner Schule Münchenstein,
Klassenstufe 1-3

Der große Kreis aus Schulbänken im morgendlichen Dämmer-
licht bringt es ins Bild. Im Innern brennt, umkränzt von Blu-
menschmuck, eine Kerze. Die hereinstürmenden Kinder der
Klassenstufe 1 bis 3 können außerhalb des Runds reden, rennen
und raufen – sobald sie in den Kreis hereintreten, werden sie
stiller. Im Klassenraum gibt es ein Außen und ein Innen.

Schon vor dem Unterricht ist etwas präsent, das über das
schulische Geschehen hinaus wirkt, das vermutlich als Frage
zu jeder Lebensführung gehört und hier tagtäglich kultiviert
wird: Wie bildet und pflegt man den Innenraum der Persönlichkeit, sodass darin ein Licht aufgeht? «Dieser Raum ist mir
heilig», erklärt mir Christiane Hewel. Um im Schultrubel diesen Innenraum zu bilden und zu verteidigen, kann sie nicht
viel Physis in die Waagschale werfen, dafür umso mehr Energie und Form – ein Gegensatz, der mir auch nach mehreren
Besuchen ein Geheimnis bleibt.

In Münchenstein in der Schweiz sind die Schülerzahlen
nicht hoch. Daraus hat die Schule eine Tugend gemacht. Sie
fasst die ersten drei Klassen zusammen. Die Erstklässler fin-

den dabei durch die älteren Mitschüler organisch in die Gewohnheiten und Lernformen. Miteinander lernen ist so auch voneinander lernen. Durch den Bankkreis gibt es das Nebeneinander von bewegt und ruhig, von expressiv und gehalten.

Jetzt folgt es zeitlich: Die Kinder singen ein Lied recht leise zusammen, dann einen Kanon in drei Gruppen umso lauter. So üben sie spielerisch, souverän zu werden: Wenn alle zusammen singen, trägt der gemeinsame Klang; im Kanon ist es anders, hier singt man als Gruppe «gegen» andere Gruppen und bleibt doch mit allen verbunden – Sympathie und Antipathie im Spiel.

Beim Zeugnisspruch, wenn also einzelne Schüler einen für sie persönlich gemeinten Vers rezitieren, sind die Kleinen dann ganz auf sich gestellt. Christiane Hewel stellt sich im Kreis gegenüber und begleitet flüsternd die Zeilen mit Gebärden. Das gibt Halt und wirkt wie ein seelischer Lautsprecher für die scheuen Worte.

Dann geht es für die erste und zweite Klasse in den Nachbarraum mit Tischen und Stühlen, und nun folgt in fünf Schritten der Weg in die Zahlenwelt. Es ist ein Weg von den Füßen über das Herz zum Kopf, vom Tun übers Fühlen zum Verstehen, von der äußeren zur inneren Bewegung: Alle Kinder bekommen große Plastikbälle, rot und blau, und stellen sich um die Tischreihen.

Jetzt geht es los: Die Klasse wandert im Kreis und zählt

Schritt für Schritt bis 40 hoch. Bei Vielfachen von 4 werfen die Kinder ihren Ball auf den Boden und fangen ihn wieder auf. Das ist nicht einfach, denn der Platz zwischen Wand und Tischreihe ist schmal. Außerdem gilt es, zwischen dem vorausgehenden und dem folgenden Kind die Mitte zu halten. Der Blick pendelt fortwährend vom Ball zu den Mitschülern und wieder zurück zum Ball.

Dann die Überraschung, als ein Ball nicht in den Händen landet, sondern zwischen Stuhlbeinen wegrollt: Das Kind läuft ihm nicht hinterher, sondern setzt nun die Fang- und Werfbewegung pantomimisch fort. Erst wenn die Klasse bei 40 angekommen ist, springt es seinem Ball hinterher. Es ist wie in jedem Spiel: Erst die klare Regel macht das Spiel möglich.

Im nächsten Schritt wird das Nacheinander von 4, 8, 12 zum Bild. Jeder bekommt ein Brett mit zehn Nägeln im Kreis eingeschlagen. Eine rote Schnur wird von der 0 zur 4 und weiter zur 8 und 12 bzw. 2 geknüpft. Erst war der Zahlenrhythmus mit Füßen und Armen im ganzen Leib, jetzt ist er in den Händen, und wie von Zauberhand entsteht ein Fünfstern auf dem Nagelbrett. Dann wird der Zahlenkreis mit Kreide auf kleine Tafeln gemalt und schließlich ins Epochenheft übertragen. Auf die Nebenseite wird es aufgeschrieben: $1 \cdot 4 = 4$, $2 \cdot 4 = 8$ …

Zum Schluss führt Christiane Hewel die Viererreihe ins Denken. Die Kinder hängen sich Zahlenschilder der Viererreihe um. Die Lehrerin ordnet sie in der richtigen Reihenfolge. «Jetzt die Augen schließen!», ruft sie und lässt zwei Kinder ihren Platz tauschen. «Wer sieht den Fehler?» Erst suchende Blicke, dann strecken die Finger auf. Aus Rhythmus in den Beinen, dem Bild des Fünfsterns ist die lineare Ordnung geworden.

«Angstfrei lernen», so lautet das große Versprechen in den Waldorfschulen – ein hohes Ideal, das auch diese Schulform längst nicht immer zu erfüllen vermag. Es ist häufig das Rechnen, bei dem wir erstmals spüren, etwas nicht zu können, den Anschluss zu verlieren. Gerade Mathematik, die die Brücke zur tieferen Ordnung der Welt schlagen soll, wird zur Einsamkeitserfahrung. Es ist eine Angst, die tief in die Glieder fährt und einen das Leben lang begleiten kann.

In dieser Rechenstunde hatte jedes Kind sein Erfolgserlebnis, hat die eigene Wirksamkeit erfahren – ob mit Ball, Schnur oder Stift. Deshalb glauben die Kinder ihrer Lehrerin, als sie erklärt: «Etwas nicht zu können ist gut, denn wir sind in der Schule, um es zu lernen.» Rhythmisch in einzelnen Schritten ging es ins Abstrakte.

Als Christiane Hewel die Zahlenkartons einsammelt, sieht sie, dass Michael seinen Karton von der Schnur abgerissen hat. Der Junge erwartet die Ermahnung und hat seine Ausflüchte parat. Doch so sanft und bestimmt der Weg in die Abstraktion ging, ist es auch hier: «Schau mal, Michael, da sind Zahlenkarten kaputt gegangen, kannst du sie mir noch reparieren?» Als er zwei geflickt hat, will sie ihn in die Pause schicken, doch der Junge, der sich sonst kaum auf dem Stuhl halten kann, widerspricht: «Ich muss diese Karte hier auch noch reparieren.»

Christiane Hewel begleitet ihre Schüler nicht mit in die Pause, auch hier ein Pendelschlag: Auf die Führung folgt jetzt Lösung. Damit es auf dem Hof nicht drunter und drüber geht, hat sie eine Art Pausengespräch kultiviert. Die Kinder stehen mit ihr nach der Pause im Vorraum kurz beisammen, und nun geht es reihum, wer etwas aus der Pause zu berichten oder zu beanstanden hat und welche Verabredungen für morgen gemeinsam getroffen werden. Weil sie als Lehrerin nicht dabei war, als Schüler A Schülerin B geschubst hat, kann sie auch nicht maßregeln. Hier sind jetzt die Schüler selbst der Souverän, und Christiane Hewel moderiert.

Immer auf Augenhöhe.
Till von Grotthuss

Klassenlehrer an der Rudolf-Steiner-Schule
Gröbenzell

Fünf Reihen Holzbänke und in jeder fünf oder sechs mit Holz-
spänen gefüllte Sitzkissen. Da stürmen die Kinder herein,
sechsunddreißig Erstklässler. Manche legen sich auf den Boden und strecken die Socken an die Heizkörper, manche lassen sich versonnen in die Kissen sacken. Fünf Jungs bilden ein
schreiendes Knäuel auf dem Holzboden. Vorne stehen anstelle
eines Tisches ein Barhocker und ein leichtfüßiges Stehpult.
Till von Grotthuss, der drei- oder viermal eine Klasse von der
Kindheit zur Jugend geführt hat, sitzt locker auf dem Hocker,
ein bisschen wie ein Kapitän – ein Kapitän, dessen Schiff niemals sinken kann, ein Kapitän, der deshalb ständig schmun-
zelt. Gerne erzählt er, was heute im Unterricht zu erwarten ist.

Schulanfang nach den Ferien, also dürfen einzelne Kinder
von der Auszeit erzählen. «Sonnenblumen seid ihr!», ruft
von Grotthuss, damit sich alle Kinder zu dem einen Bericht-
erstatter wenden. Dem verschlägt es die Sprache, und Till von
Grotthuss fragt nach: «Erträgst du das? Denn das ist komisch,
wenn einen alle anschauen.» Es braucht Geduld, und er gibt
sie dem Schüler. Wenig später schildert von Grotthuss einen

Museumsbesuch, bei dem er sich nicht vor andere Betrachter an die Bilder drängeln konnte, sondern aus dritter oder vierter Reihe schauen musste. Schnell springt er hinter die Klasse und schaut nun wie sein Museumsbesucher als Hinterbänkler auf die Tafel. Doch auch von hinten könne man auf Bildern etwas erkennen – manchmal sogar mehr, manchmal das, worauf es ankommt. Grotthuss ist mit allen Regungen so sehr Kind, dass seine quasi-philosophischen Einwürfe die Kleinen nicht überfordern; im Gegenteil, es scheint, dass solche klugen Einsichten in der ersten Klasse am reinsten und klarsten aufgehoben sind, denn hier ist noch keine Skepsis, kein innerer Widerstand, sondern die offene Seele der Schulanfänger.

«Wenn man weiterkommen will, tut es manchmal weh», ist kurz danach eine weitere Einsicht, die die Kinder aufnehmen. Das sind Keime, die später ins Bewusstsein steigen können und vielleicht einmal das Fundament von Lebensentscheidungen sind. Darauf angesprochen, sagt er, ihm wäre der Unterricht sonst zu oberflächlich, wenn er nicht immer wieder mit einzelnen Wendungen in die Tiefe ginge.

Tatsächlich scheint er die Weisheiten sich selbst zu sagen und selbst darüber überrascht zu sein. Doch schon geht es weiter. Er zeigt auf die Tafel, die schlecht geputzt ist und deshalb nicht ins Bild einer typischen Waldorfklasse passt. Doch Grotthuss hat mit der Tafel etwas vor. Er sagt seinen Schülern, dass er das Bild leider nicht erkennen könne, obwohl er die

Augen zukneife. «Ich seh ein Nilpferd», ruft ein Kind. «Nein,
es ist ein Schwein», meint ein anderes. «Wo? Ihr seid die Ma-
ler, ich bin der Pinsel.»

Die Kinder quietschen vor Vergnügen und dirigieren ihren
Lehrer zur richtigen Kreidewolke, die eigentlich ein Schwein
ist. So wird aus Schemen und Geschmiere ein Bild und er-
hält schließlich seinen Rahmen. All das geschieht mit vielen
Handgebärden des Lehrers und mit gespielter Hilflosigkeit.
Es ist eine Souveränität, die es möglich macht, dass alles im
«Wir» geschieht, dass sich der Lehrer in die Obhut der Kinder
gibt und doch der Lehrer bleibt. Dass Geist und Seele sich ver-
schränken und dabei zwei eigene Welten sind, das lernen die
Kinder hier, wie mir scheint, mit ihrem ganzen Leib.

Nach der bewölkten Tafel bürstet Till von Grotthuss noch
ein weiteres Waldorfklischee gegen den Strich, denn jetzt
kommt ein CD-Player zum Einsatz. «So ein Gerät haben die
Kinder zu Hause, also baue ich es in den Unterricht ein», erklärt er mir. Doch hier ist das Abspielgerät lebendig: Acht
oder zehn Kinder, zum Rechteck zusammengedrängt, nehmen eine braune Pappscheibe als CD in Empfang. Schon beginnt der Spruch von müden, trabenden und dann springenden Pferden (siehe S. 98). Die andere Hälfte der Klasse spielt
die Pferdeherde, die erst langsam und dann immer schneller
um die Bänke stürmt. Drei Teelichter an der Wand dienen als
«Kerzentachometer», denn nur wenn die Pferde wirklich stür-

men, reicht ihr Fahrtwind aus, um die Kerzen auszulöschen. Spielerisch erlebte Wirksamkeit.

Der Unterricht ist immer wieder dionysisch, aber vergleichbar dem verborgenen Tafelbild im Kreidenebel ist dabei eine feine Struktur spürbar. Zum Atem gehört dann – und die Kinder haben es nach drei Monaten Schulzeit schon im Gefühl –, dass Form und Spiel im Wechsel sind. «Dritte Reihe geht aufs WC, jetzt die zweite ...», ... «Ich zähle bis zwanzig, dann ist die Butter ranzig!» Der Atem von Spiel und Form schwingt auch in der Erzählung. Mal laut, dann leise und immer leiser. «Kinder, bestimmt muss ich an der spannendsten Stelle aufhören.» Kein Kind protestiert.

Ich kenne elfte oder zwölfte Klassen, die sich vergewissern, ob das Bild neben oder unter den Text kommen soll, die Überschrift groß oder klein zu sein hat. Bei dieser Klasse wird man das nicht hören, denn von Grotthuss lässt die Kinder in einem Alter frei, in dem sie aus der eigenen Fantasie die Sicherheit finden. So ist das Schwert des Ritters bei einer Schülerin blau, bei der nächsten rot.

Bewegung und Ruhe – im Unterricht, den Till von Grotthuss liebt, ist die weite Spanne zwischen diesen Polen. Als die Kinder Wörter in ihr Heft schreiben, gilt absolute Stille. Von Grotthuss verordnet sie aber sich selbst. Nur mit Gebärdensprache und pantomimischer Gestik macht er sich verständlich und versucht geräuschlos aufzutreten, als er zum Regal schleicht.

Nicht als Zwang, sondern als Sport erleben die Schüler die Lautlosigkeit. Nur das Kratzen der Wachsmalstifte ist zu hören. Wenig später folgt ein ungewöhnliches Spiel, das ich so noch nie gesehen habe. Die Kinder robben auf dem Bauch der Reihe nach über die Schulbänke. Die Schwierigkeit dabei: Es gibt zwei Robbenströme, einen von links und einen von rechts, sodass die Kinder auf den Bänken aneinander vorbeischwimmen müssen. Spiel und Präzision kommen zusammen, und vor den Robbenbänken sitzt von Grotthuss und genießt den Anblick der über dreißig bäuchlings rutschenden Kinder.

Bei manchen Fragen, die von Grotthuss stellt, sollen die Kinder die Antwort ihren Nachbarn ins Ohr flüstern, und die müssen dann nicken, wenn es stimmt – eine interessante Möglichkeit, dass alle Kinder drankommen.

Als von Grotthuss – und es geschieht nur alle paar Tage – in der Stimme zorniger werden muss, geht der Atem von Spiel und Form nicht verloren. Denn kaum hat er einen Schüler angedonnert – und es geht dann nur um einzelne Kinder, niemals die ganze Klasse –, tätschelt er seine Wangen, als würde er sie pudern, und fragt die Klasse, ob der Herr Grotthuss denn jetzt wieder locker und entspannt aussehe.

Selbst in der Konfrontation bleibt die Augenhöhe gewahrt. Ich frage später noch, warum er von sich oft in der dritten Person spreche. Er muss überlegen und entgegnet: «Das ist einfach etwas Ironie.» Ironie in der ersten Klasse – also wieder Augenhöhe.

«Du schaffst das!»
Johanna Altmann

Sportlehrerin
an der Freien Waldorfschule Schopfheim

Es gibt wohl kaum ein Schulfach, in dem so gegensätzliche Aussprüche so eng aufeinanderfolgen wie im Turnunterricht. «Das kann ich nicht!», seufzen, flüstern, stöhnen oder rufen die Schülerinnen. «Das schaffst du», antwortet Johanna Altmann in mindestens ebenso vielen verschiedenen Tonlagen, wie es aus dem Mund ihrer Schüler kommt. Deshalb glauben sie ihr, aber auch deshalb, weil Johanna Altmann eine von ihnen ist. Egal, welche Altersstufe sich in der Turnhalle trifft, immer scheint es, als wären sie ein Team, die Mannschaft mit dieser Lehrerin – nicht eine Mannschaft, in der es etwas zu gewinnen, jemanden zu bezwingen gilt, sondern etwas zu schaffen. Es ist ein Ehrgeiz ohne Ehrgeiz, und Johanna Altmann erklärt mir, dass das mit Jungen kaum möglich sei, denn da beginne sehr schnell das gegenseitige Sich-Messen.

Die Turnhalle der Schopfheimer Waldorfschule ist riesig. Selbst in dem Hallendrittel, in das jetzt die ersten Mädchen eintrudeln, bleibt viel leerer Raum. «Ihr könnt mir mit den Matten noch helfen«, ruft die Lehrerin der Gruppe zu und stellt selbst drei Turnbänke zu einem Dreieck zusammen. Wie um ein Lagerfeuer in der Turnhalle, so kommt es mir in den Sinn, als schließlich alle Mädchen eng auf den Bänken mit den Ellenbogen auf den Knien zusammensitzen – unter ihnen Johanna Altmann.

Ein Check mit dem Klassenbuch: «Wer fehlt?», dann ein kurzer Rückblick auf die letzte Woche und die Ansage, was jetzt auf dem Programm steht. Bei einer Symphonie gibt der Anfangsakkord die Richtung vor, intoniert das Stück. So ist es auch hier. Wie die Mädchen jetzt zusammenhocken und ihrer Lehrerin zuhören, was heute zu tun ist, die Gelassenheit des Miteinanders, das ist vermutlich eine der Bedingungen, um die Wettkampfatmosphäre draußen zu lassen.

Freies Aufwärmen, und dann geht es in Richtung Radschlag. Dazu laufen die Mädchen auf den Rand einer Turnbank zu, greifen die beiden Ecken der Sitzfläche, um dann so abgestützt die Beine in einem Bogen ausgestreckt kreisen zu lassen, jedes Mal ein bisschen höher.

Was beim Zusehen zufällig erscheint, hat System: Bei manchen Mädchen gibt es eine kleine Korrektur, bei anderen schaut die Lehrerin nur aus dem Augenwinkel zu, lässt probieren, unbemerkt scheitern. Jede Korrektur ist abhängig vom Können, erklärt sie mir später. «Trau dich noch mehr, über die Schulter zu kreisen!», ermutigt sie. «Ja! Schön! Genau!» Und immer wieder die Versicherung: «Ich weiß, es ist schwer.» Und der Tipp: «Schaut auf eure Hände, dann habt ihr die richtige Haltung.»

Es gehe darum, so Johanna Altmann, dass jeder im geschützten Raum Grenzerfahrungen mache und dabei die eigene Kraft finde und ihr vertrauen lerne. «Ein paar Mal probieren, schon klappt's besser, habt ihr gesehen?», ruft sie, als einer Schülerin ein Sprung nach vergeblichen Versuchen gelingt.

Dann folgt das Herz ihres Unterrichts – sie macht die Übung vor, nicht um zu imponieren, sondern wieder, weil sie zur Mannschaft gehört. Es wird still, und es scheint, als würden alle Schülerinnen ihr die Daumen drücken, dass sie mit den Beinen möglichst hoch hinaus kommt.

Selbstvertrauen gewinnen

Albert Bandura, einer der führenden Psychologen des 20. Jahrhunderts, beantwortete in seiner Lerntheorie eine der Kernfragen jedes Lehrers: Was, so fragte er, hilft Schülern, Selbstvertrauen zu gewinnen? Für Selbstvertrauen wählte er den sperrigen, aber präziseren Begriff der «Selbstwirksamkeitserwartung». Welche Erfahrungen zählen, damit diese Erwartung, mit dem eigenen Selbst wirksam sein zu können, sich erfüllt? Was macht diesen Kredit auf die Zukunft möglich?

Es ist die Kernfrage im Geräteturnen, denn bei jedem Anlauf auf das Pferd, den Barren oder Schwebebalken liegen die
inneren Stimmen im Streit: «Du wirst abrutschen, daneben-
greifen, stürzen», buchstäblich «eine blöde Figur machen!»
– und: «Du wirst den Schwung erleben, und das wird dich
glücklich machen und dich über dich hinauswachsen lassen.» Also: Was, so fragte Bandura, gibt der letzteren Stimme
das letzte Wort? Vier Erfahrungen zählt der Psychologe auf,
und drei davon habe ich bei Johanna Altmann immer wieder
wahrgenommen.

Das erste sind positive Erfahrungen: Das große Ziel ist
zwar der verrückte Flickflack, aber die Etappen dorthin sind
in ein Dutzend kleiner Herausforderungen portioniert, sodass es bei dieser Salamitaktik für jede Schülerin Gelegenhei-
ten gibt zu erleben, dass sie etwas kann, an das sie zuvor nicht
glaubte. Das stärkt den Glauben an das eigene Vermögen.

Banduras zweiter Punkt: Die Beobachtung wirksamer Menschen, denen man sich verbunden fühlt. Wenn der Überschlag
der Lehrerin gelingt, dann kann er auch mir selbst gelingen,
denn sie ist wie ich, ist mir verwandt. Weil diese unbewussten
Gedanken durch die Jugendlichen ziehen, wundert es nicht,
dass sie mit der Lehrerin hoffen, wenn sie Anlauf nimmt. Sie
bezwingt die Aufgabe an deren Stelle, doch das ist nur möglich, wenn zuvor Gemeinsamkeit hergestellt ist.

Ich erinnere mich gut an den eigenen Sportunterricht.

Das Gegenteil war der Fall: Der Sportlehrer demonstriert den
Stabhochsprung und zeigt so seine Überlegenheit; der Graben
von Schüler und Lehrer ist unüberbrückbar.

Banduras dritter Hinweis ist die Ermutigung durch andere: Dabei ist es nicht nur Johanna Altmann, die mit Lob und
Ermutigungen nicht spart, es sind auch die anderen Schülerinnen, die sich gegenseitig Hilfestellungen geben müssen
und dann bei einem erfolgreichen Überschlag «Super!» rufen. Johanna Altmann hat wohl recht, wenn sie mir erklärt,
dass der Handstandüberschlag beim Barren oder sogar beim
Schwebebalken mehr Überwindung verlangt als der Sprung
vom Zehnmeterbrett. Was so harmlos «Geräteturnen» heißt,
ist die große Schule, sich selbst in Grenzsituationen einen
entscheidenden Schritt weiterzubringen.

Ich habe beim Zusehen in ihren einzelnen Klassen gelernt,
dass Rudolf Steiners Ruf, aus Liebe zu unterrichten, im Turnunterricht bedeutet, an diesen Schwellen, wenn die Angst zu
lähmen scheint, ein Netz aus Kameradschaft und Vertrauen zu
knüpfen. Wenn dann mit einem Mal der Bewegungsablauf gelingt, der Körper herumwirbelt und am Ende im sicheren Stand
Unten und Oben wieder am richtigen Platz sind, dann ist das
eine Erfahrung, ein Pfund für die ganze Biografie. Es zieht eine
Freude, eine Zufriedenheit übers Gesicht der Jugendlichen, die
Johanna Altmann mit feinem Lächeln beantwortet.

Ordnung braucht Augenzwinkern.
Andreas Pelzer

Klassenlehrer der Freien Waldorfschule
Berlin-Mitte

Im Schrank im Klassenzimmer hat alles seinen Platz, und auch
auf dem Lehrerpult liegen Stift und Flöte an ihren Plätzen. Die
Tafel wischt Andreas Pelzer mit dem Gummi trocken, nach jedem Zug fährt er mit dem Lappen über den Abzieher, und am
Schluss wandert sein Blick noch einmal über die Tafel. Nein,
hier gibt's nichts mehr zu putzen. Über der Tafel hängen auf
sechsundzwanzig einzelnen Blättern mit Buntstift gemalt die
Buchstaben des Alphabets. Die habe er von seiner letzten ersten Klasse vor acht Jahren übernommen, erzählt mir Andreas
Pelzer, so müsse er sie nicht noch einmal malen.

Es herrscht eine Ordnung in der Klasse, die so selbstverständlich scheint, dass sie nichts Pedantisches an sich hat –
eine Ordnung, die nicht nur den Raum, sondern auch die Zeit
des Unterrichtens ergreift. Zwölf einzelne Rituale und Stadien
zähle ich am morgendlichen Unterrichtsbeginn. Wieso diese
Ordnung kein preußisches Korsett ist, erklärt sich schon beim
Präludium, dem ersten gemeinsamen Moment in der Klasse.
Die Kinder bringen besondere Gegenstände von zu Hause mit
und präsentieren sie auf dem Lehrerpult.

«Wer fehlt denn?», fragt Andreas Pelzer, blickt in die Reihen, und auch die Kinder schauen nach links und rechts. Dann geht es um die Exponate auf dem Pult. Ein Briefmarkenalbum, ein Fußballabzeichen und eine Legofigur liegen da. Die Besitzer erzählen etwas von den Dingen, die der Lehrer jetzt von allen Seiten betrachtet.

«Alles ist hier erlaubt und willkommen», sagt er mir später. Interessant: So beginnt trotz des gegliederten Unterrichtsaufbaus jeder Schultag anders, und es sind die Kinder, die diesen Anfang sprichwörtlich «in der Hand» haben. Außerdem ist gleich zu Beginn etwas aus der «großen Welt» im Klassenzimmer.

«Welches Datum haben wir denn heute?», fragt Pelzer nach dem Morgenspruch in die Klasse. Eine Schülerin ruft: «Der Siebzehnte!» Da springen alle Kinder auf und hüpfen siebzehnmal im Chor die Hampelmann-Figur, indem sie die Hände über dem Kopf zusammenschlagen.

Eine kleine Episode, die zeigt, worauf es Andreas Pelzer ankommt: auf den Rhythmus von Ordnung und Spiel, von Vorgegebenem und Freiheit. Das gibt den Kindern hier in Berlin-Mitte, dieser sprudelnden Weltstadt, einen einmaligen Halt, das Gefühl von Sicherheit. Doch wenig später folgt dann ein Spiel, etwas Überraschendes, das die Fantasie und den Bewegungsdrang der Zweitklässler herausfordert. «Was ist heute dran?», fragt Pelzer in die Klasse.

Jetzt wird der Stundenplan besprochen. Nach der Tagesordnung die Tagesüberraschung, nach der Regel die Ausnahme: «Und was ist heute anders?» Jetzt gibt es Ansagen: Geburtstage und Besuche. Der Puls von Ruhe und Spiel geht durch den ganzen Unterricht, er schwingt mal kurz und zart, holt dann weit aus und heftig. Zu Letzterem gehört der nächste Schritt. Es geht raus auf den Pausenhof. Vorbei an den verschlossenen Klassenzimmertüren tippeln die Kinder leise in Zweierreihe durch die Flure. Wenn geredet wird, müssen alle zurück.

Kaum haben sie die Schultür erreicht, entlädt sich die Spannung, Schülerinnen und Schüler, Lehrer und Praktikant stürmen auf den Pausenhof – und auch dort ein Wechsel von Spiel und Ordnung: In einem nicht enden wollenden Abzählvers laufen die Kinder im Kreis. Phlegmatische Kinder kommen auf ihre Kosten. Dann sind die cholerischen und sanguinischen Kinder dran, denn auf dem Sportplatz steht ein «Wolf» allen anderen Kindern gegenüber, und auf ein Startsignal hin muss die «Meute» an ihm ohne Berührung vorbeikommen. Alle Schüler, die der Wolf berührt, werden zu seinen Gefährten. Von Neuem stürmen schreiend die Kinder auf die Wölfe zu. Pelzer kommentiert und feuert am Rand den Sturmlauf an. Geschickt täuschen die Kinder eine Richtung an, um dann in einem Bogen die Wölfe zu umlaufen. Geschicklichkeit, Koordination und Übersicht, Antritt und Ausdauer – die Kinder lernen viel in diesem scheinbaren Durcheinander.

Als es in die Klasse zurückgeht, gibt es etwas Streit unter den Zweitklässlern. Es folgt ein weiterer Pendelschlag von Andreas Pelzer dann in der Klasse: «Wollt ihr zuerst das Lob oder zuerst den Tadel hören?»

Es geht um eine Zurechtweisung, und doch sind es die Kinder, die dabei das Wie entscheiden können. So geht der ganze Unterricht weiter. Nach der Erfrischung mit Tee folgt das Flötenspiel. Der Lehrer ruft ein Kind auf, und dieses darf sich nun einen Partner suchen – wieder geben sich Vorgegebenes und Freiheit die Hand. Die Ordnung hat dadurch immer etwas Tänzerisches, und die Leidenschaft, das Chaos verlässt nicht den Rahmen. Wenn es vor einem Gebet nicht leise wird, dann ermahnt Pelzer nicht, sondern lässt die Kinder gemeinsam klatschen. Es ist also ein Spiel, das die Ordnung herstellt.

Kleine Rätsel gehören bei Andreas Pelzer zur Würze des Unterrichtes. So schreibt er einen neuen Buchstaben nicht mit der Kreide, sondern mit dem nassen Schwamm an die Tafel und sagt: «Ihr müsst schnell schauen, denn bald ist er wieder weg!» Oder er klappt die Tafel auf, und die Kinder sehen kreuz und quer über die Tafel verteilt Buchstaben: der Buchstabensalat! «Wer entdeckt den neuen Buchstaben?» Wieder geben sich Ordnung und Spiel, das Vertraute und das Unbekannte die Hand.

«Ordnung braucht Augenzwinkern», erklärt mir Andreas Pelzer den Zauber seines Unterrichtes. Wenn einmal Humor

und Spiel nicht helfen, um einen Schüler zur Ruhe zu bringen, dann geht er gemeinsam mit ihm vor die Tür, um es unter
vier Augen zu besprechen – das ist für den Schüler respektvoll
und zugleich eine Herausforderung. Ich frage Andreas Pelzer
noch, wie er mit Schülern umgehe, die seinem Spiel von Lo-
ckerheit und Ordnung nicht folgen würden. Da sagt er zu meiner Überraschung: «Die schwierigen Schüler sind es, die dich
zu einem guten Lehrer machen.»

Ich erzähle dir von der Menschheit.
Günter Boss

Geschichte und Sport
an der Rudolf-Steiner-Schule München-Daglfing

Er sei der Letzte seiner Art, ein Dinosaurier, sagt er. Aber da
hat er nicht recht. In seinem Unterricht findet sich ein Zug
der Waldorfschule, der zum Kern ihres Unterrichts gehört,
und bei Günter Boss ist es als Konzentrat zu erleben: Unterricht als große Erzählung. Der Geschichtslehrer ist zugleich
ein Geschichtenlehrer.

Mal breitbeinig mit verschränkten Armen, dann lässig an
den Tisch gelehnt, je nachdem, wie es die Erzählung zulässt
oder fordert, steht er vor der Klasse und schildert, wie Alexander der Große sein eigenes Pferd erobert. Es ist ein Pferd, so
wild, dass es jeden abwirft, und nun will es der junge Alexander versuchen. Doch anstatt aufzusitzen, dreht er das Pferd
in die Sonne und kann sich dann tatsächlich auf dem Rücken
halten. Wie Philipp, Alexanders Vater und König von Make-
donien, wollen die Schüler wissen, was dieser Tanz mit dem
Pferd denn bringen soll. Boss wartet mit der Erklärung, bis
der Spannungsbogen sitzt und zugleich nicht überdehnt ist.

Dann die Überraschung: Das Pferd, so der Königssohn
zum Vater, habe sich vor dem Schatten von Ross und Reiter

erschreckt, deshalb habe er es aus seinem Schatten herausgedreht. Die Elftklässler, die von sich selbst nur zu gut wissen, wie schwer es ist, Gedanke, Gefühl und Wille zusammenzubringen, hören diese kleine große Geschichte, in der Klugheit, Kraft und Mitgefühl beisammen sind. Der mutige Alexander ist zugleich derjenige, der mit dem Tier zu fühlen und ihm zu helfen vermag.

Wenn im Unterricht wenig später Alexander seinen liebsten Freund und Gefährten in Groll und Selbstüberhöhung ersticht und sich in Reue dann erst selbst findet, erscheint das Bild auf gereifter Stufe noch einmal.

Das sind die Bögen im Unterricht von Günter Boss, die den Schülern, ohne dass es ausgesprochen wird, Sinn vermitteln. Es sind Bögen, die sich über Tausende von Jahren spannen, wenn von Alexanders Stadt- und Kulturgründungen auf seinem Feldzug und dann von der hellenistischen Bauweise von Weißem Haus und Élysée-Palast die Rede ist. Günter Boss geht es um die geistige Beheimatung seiner Schüler – ein Ideal, das er konkret fasst. Als ein Schüler zweimal aufgerufen wird, erklärt mir Boss später: «Der Schüler hat persischen und jüdischen Hintergrund. Weil es jetzt um diesen Kulturkreis geht, ist es eine Gelegenheit, dass er seine Wurzeln versteht.»

Damit leuchtet ein Gegensatz, eine Weite auf, die mir im Unterricht von Günter Boss immer wieder begegnet. Es ist der Geschichtsunterricht, in dem die großen Fragen und

Entwicklungslinien der Menschheit gezeichnet werden, und gleichzeitig hat der Lehrer den einzelnen Schüler im Auge, wie er sich darin finden und verwurzeln kann.

Den halben Hauptunterricht steht nicht der Lehrer, sondern es stehen einzelne Schülerinnen und Schüler vor der Klasse und ihnen gegenüber hinter der Klasse Günter Boss, der den Ball spielt: «Wie wurde Alexander zum Herrscher?» Kaum hat der Schüler die Antwort gefunden, kommt der nächste Fragepass, der gut und gerne in die Geschichtsepochen der letzten drei Jahre führen kann: «Alexander zieht durch die Osttürkei und Syrien, was war denn da vor zehntausend Jahren?»

Boss setzt seinen Schülern durchaus zu, lässt nicht locker und will es oft genauer, manchmal vielleicht zu genau wissen. Die Wiederholung, das Erinnern sei das Eigentliche des Lernens, zitiert Boss Martin Heidegger. «Wenn ich mich erinnere, dann hole ich das Vergessene ins Innere zurück.» Weil man sich fortwährend weiterentwickelt, eröffnet sich, so Boss, immer eine neue Perspektive. So ist Erinnerung zugleich eine neue Schöpfung. Damit greift er vermutlich einen Grundzug des Geschichtsunterrichts auf: dass es um das Vergangene und zugleich damit um die Gegenwart und deren Zukunft geht.

Aber seine Schüler, die sich da vorne allein bewähren sollen, wirken nicht allein. Dabei könnte der Gegensatz nicht größer sein: Sie stehen da, dreißig Augenpaare auf sich gerichtet, und das Thema ist die Weltgeschichte. Und doch ist es keine Prüfung, es können sogar andere Schüler aufgerufen werden, um zu helfen. «Der Einzige, der hier prüft, sind die Schüler selbst», erklärt mir Boss. Zum anderen fällt mir auf, dass er die Schüler häufig mit ihrem Namen anspricht. Jede zweite Frage beginnt mit «Sag mal, Claudia, …»

Er steht den einzelnen Schülern, die so vor der Klasse stehen, gegenüber und ist ihnen doch zugewandt. Er könne zu ihrer Persönlichkeit kaum eine Beziehung aufbauen, wenn sie immer sitzen und in der Klassengemeinschaft schwimmen würden. Die eigenständige Persönlichkeit der Oberstufenschüler entfalte sich, wenn sie stehen würden und die Klasse dabei Zeuge sei.

Dabei finden sie sich, so empfinde ich es, nicht nur vor ihrem Lehrer und ihren Mitschülern, sondern vor dem Perserkönig Xerxes, vor Alexander und Aristoteles, vor dem großen Menschlichen an sich. Fünf oder sechs Schüler gehen so jeden Morgen durch dieses Examen. Dabei geht es fachlich recht streng zu, und Boss fällt ihnen auch ins Wort, wenn sie in die falsche Richtung laufen oder für seine Begriffe zu ungenau sind. Das geschieht aber nicht aus Pedanterie, sondern aus Verbundenheit zur Sache. Vermutlich bleibt deshalb – trotz der Herausforderung – die Atmosphäre ungezwungen. «In der Sache führen, im Menschlichen Bruder sein und, wo die Not ist, dienen», so fasst Boss sein Credo zusammen. Er führt gerne, zum Beispiel beim Morgenspruch: Wird ihm der Spruch zu metrisch, zu gleichförmig gesprochen, bremst oder beschleunigt er gegen die dreißig Schülerstimmen und bürstet so gegen den Strich. Dass die Elftklässler das nicht als Kraftprobe empfinden, lässt ahnen, wie solide hier das Vertrauen ist.

Die letzten Unterrichtsminuten rezitiert die Klasse Schillers Gedicht «Auch das Schöne muss sterben». Die Elftklässler wissen, dass mit Alexanders Tod das klassische Griechenland, diese kurze Epoche großer Schönheit, zu Ende ist. In Schillers Worten finden sie dazu eine geistige Perspektive, die für Günter Boss bis in die Gegenwart und weit darüber hinaus ragt: «Die Menschheit steht am Abgrund, und ein Regenbogen geht auf.»

Das sagt er mir im anschließenden Gespräch, nicht den Schülerinnen und Schülern, und doch haben sie es aufgenommen. Ein Bogen vom Wissen zur Gewissheit.

Den lieb ich, der Unmögliches begehrt.
Uta Bischof

4. Klasse
an der Freien Waldorfschule Flensburg

Der Klassenraum ist klein, die Klasse groß. Gleichwohl ist es
Uta Bischof wichtig, dass am Unterrichtsanfang ihre Viert-
klässler im Kreis sitzen. «Die Kinder sollen sich gegenseitig
sehen und erleben, sich am anderen freuen, gerade jetzt, wo
sie mehr zu sich kommen«, erklärt sie mir, und weiter: «Jetzt
wachen sie auf für ihre eigenen Schwächen, deshalb ist eine
Fehlerkultur wichtig: die Fehler vom anderen kennenzulernen und zu verstehen.»

Also werden die Tische auf die Seite geräumt, und die Kinder sitzen im Stuhlkreis. In einem Blondschopf ist viel Unruhe versammelt. Ein Zwinkern eines Mitschülers, ein wippen-
der Vogel draußen am Baum oder einfach ein Einfall regt ihn
auf. Immer von Neuem führt dann Uta Bischof ihn wieder zu
sich - nicht mit Ermahnung oder Zwang, sondern mit Nähe,
Präsenz und Halt. Neben ihm sitzend, fängt sie nicht für ihn,
sondern mit ihm seine Unruhe ein. Es ist, als würde sie all ihre
Ruhe über ihn gießen - oder über manch anderes Kind, das in
sich die große Unruhe unserer Zeit eingenistet hat. Was den
Kindern an Geduld fehlt, hat sie im Überfluss.

Geduld und Beharrlichkeit sind kostbare Ressourcen in der Pädagogik. Diese Geduld ist etwas, was unsere Kinder heute nicht leicht in der Erwachsenenwelt finden können – dabei ist ihre Sehnsucht danach vermutlich größer denn je. Uta Bischof ist nicht sehr groß. Sie dominiert nicht mit Körperlichkeit, sondern vielmehr mit einer fortwährenden Einladung. Woher holt sie all diese Güte? Dazu gehört wohl auch, dass ich in den Tagen meines Besuches ihre Augen nie habe eng werden sehen – wenn sie blitzten, dann aus Witz. Sie sammelt die Kinder mit Musikalität und Beharrlichkeit. Das gemeinsame Flötenspiel ist erst ein Schmerz für das Ohr, aber nach und nach schält sich wie von Zauberhand die Melodie heraus, bis die Lehrerin die Flöte selbst von den Lippen nimmt und nur noch mit der Hand die Tonhöhe anzeigt. Ohne Rede und Erklärung erleben die Kinder, wie eine Gemeinschaftsarbeit Form und Glanz bekommt, weil jede und jeder seine Aufmerksamkeit dazugibt.

«Nicht für den Moment, für das Leben sollte man erziehen.» Dieses Diktum der Waldorfpädagogik, mit großem Atem, mit weitem Blick zu unterrichten, ist bei Uta Bischof zu finden. Gerade ist das bretonische Märchen «Peronnik» Thema in der Klasse. Peronnik ist der kleine dumme Taugenichts. «Ihr seid sicher schon einem dieser armen Einfältigen begegnet, die der Priester mit Hasenschmalz getauft hat und die nichts können als an den Türen stehen und betteln.»

So beginnt die Erzählung, an deren Ende Peronnik sein Land rettet. Um das Pferd zu bekommen, das ihn zur Burg führen kann, fehlt ihm der Losungsspruch; um einen Zwerg zu besiegen, fehlt ihm die Geschicklichkeit; um einen Löwen mit Schlangenmähne zu bezwingen, fehlt ihm die Kraft. Der vielen Widrigkeiten zum Trotz findet der scheinbar Dumme, der doch so klug ist, durch mancherlei listige Winkelzüge zum Ziel.

Uta Bischof entwickelt nun an und mit dieser dramatischen Märchenerzählung das Futur. «Wie wird Peronnik das Pony fangen?» – «Wie wird Peronnik den Zwerg bezwingen?» – «Wie wird er den Apfel gewinnen?»

Solche Fragen schreibt sie an die Tafel, und die Schüler kennen natürlich die fintenreichen Züge von Peronnik. Sie wissen, wie er mit Speck das Pferd fängt und mit verleimten Federn den Löwen in einen Sack stecken kann, wie Peronnik aus der Unmöglichkeit eine Möglichkeit schöpft.

Nicht am langweiligen Beispielsatz «Wir werden morgen ins Schwimmbad gehen» eignen sich die Schülerinnen und Schüler die Sprachform des Zukünftigen an, sondern sie lernen die sprachliche Zukunft kennen, wenn man das Unmögliche doch möglich macht.

«Den lieb' ich, der Unmögliches begehrt», werden die Schüler in acht Jahren in Goethes *Faust* hören und dann diesen Zukunftsbegriff verinnerlicht haben. Die neurobiologische Forschung der letzten Jahrzehnte hat bestätigt, was

Waldorfpädagogik seit einhundert Jahren praktiziert: Auf die Erstberührung kommt es an. Wer mit Peronnik das Futur kennenlernt, wird für sein ganzes Leben in allen Momenten, wo es um Zukunft geht, eine feine Zuversicht spüren, die von diesem Märchen gewonnen ist und sich im Erinnerungsleib erhält.

In den Nachgesprächen zum Unterricht sagte Uta Bischof mir immer wieder: «Für die ganze Biografie sollten wir unterrichten.» In solchen Momenten geschieht es.

Und dann noch einmal meine Frage: Wie ist diese Gelassenheit möglich? «Ich kann nicht alles ausgleichen, kann nicht alles jetzt verändern – ich muss an den inneren Menschen glauben, auch wenn er nicht immer sichtbar ist.»

Und was gibt die Kraft durchzuhalten? «Ohne Selbstarbeit geht es nicht», antwortet Bischof unprätentiös. Und: «Wenn wir immer wieder uns die Frage stellen, welcher Mensch ist denn da, welches Rätsel stellt er mir, dann gibt es so etwas wie Fingerzeige, die glücklich machen.»

Am dritten Tag schauspielert Uta Bischof: «Ich trage, du trägst, ich sage, du – sägst? Ist doch richtig oder?»

Die Kinder rufen und schreien «Nein!». Jetzt darf es laut werden.

Bischofs Stimme wird kurz durchdringend und dann leise und weich, und als der Pegel nicht sinken will, sagt sie: «Ich nehme nur den dran, der sich leise meldet!»

Stille.

«Takt, Pause, Dynamik und Melodie, das setze ich ein», erklärt sie mir.

Als am nächsten Tag der kommende Herbstmarkt besprochen wird, dann ist das vermutlich in der musikalischen Konnotation die Reprise, denn jetzt kommt erneut das Futur ins Spiel, diesmal lebenspraktisch: «Wir werden Stände aufbauen, wir werden Kuchen verkaufen ...»

«... dass Beharrlichkeit zum Ziele führt», so lautet eine Zeile des Liedermachers Herman van Veen, der in vielen Versen die Heranwachsenden besungen hat – diese Zeile passt zu Uta Bischof.

«Hört ihr das?»
Iru Mun

Musiklehrer
an der Freien Waldorfschule Berlin-Kreuzberg

Die Sechstklässler stehen um den Flügel herum und bilden
eine Parabel. In deren Brennpunkt sitzt Iru Mun, und vor ihm
sind die Tasten des Flügels. Erst ein Einsingen auf den Arpeg-
gien vom Flügel, dann ein erstes Lied. Der hymnische Charakter öffnet die Kehlen der Kinder. Es folgt der Kanon «Ich
bin ein Baum», und wieder trägt die Melodie die Kinder fort,
und die synkopische Begleitung vom Flügel lässt manche ein
wenig in den Knien federn.

Iru Mun schließt die Augen, als die Kinder aus dem Musical
Oliver Twist das berühmte «Food, glorious Food» anstimmen.
Ein merkwürdiger Gegensatz bestimmt den Musikunterricht.
Es ist ein Ernst im Raum, als sei jetzt die Generalprobe vor der
großen Aufführung, als gehe es um alles, und gleichzeitig ist
der Unterricht ohne irgendeinen Druck, ohne Ungeduld, als
sei man zufällig zusammengekommen, weil man gemeinsam
Spaß am Singen hat.

Der Unterricht ist kameradschaftlich und streng zugleich,
und vermutlich ist dieser Widerspruch möglich, weil diese
Strenge nicht vom Lehrer kommt, sondern aus der Musik. Sie

ist für Iru Mun etwas Heiliges, ein Gottesdienst, und dieser Funke springt auf die Schüler über. Am Schluss der Stunde singen die Kinder aus dem Musical das traurige Lied «A boy for sale». «Müder, noch müder!», flüstert Iru Mun, bis die Armut und Kälte des Waisenhauses, das Charles Dickens beschreibt, im Musikraum zu spüren ist.

Ohne einen Kommentar entlässt er die Kinder nach der kurzen Stunde, und ich versuche zu formulieren, um was es Iru Mun in der Stunde wohl gegangen ist. Ich notiere etwas pathetisch: die Schönheit des Lebens fühlen und ausdrücken können.

Die nächste Fachstunde bringt eine Überraschung. Iru Mun warnt mich vor: «Die 13. Klasse unterrichte ich im Keller, da habe ich einen Raum für mich allein.»

Tatsächlich, im Untergeschoss hat er einen Lagerraum zu einem Musikraum gemacht. Kein Fenster, dafür die tiefe Decke mit Heizungsrohren, Requisiten vom letzten Klassenspiel an der Rückwand, ein altes Schlagzeug und Kaffeebecher. In der Mitte der Flügel, auf dem sich überall Noten stapeln und wieder konzentrisch darum ein paar Tische und Stühle. Ein Dutzend Schülerinnen und Schüler kommen herein und setzen sich verstreut auf die Bänke.

Wieder ist Iru Mun ernst bei der Sache. Mein Blick wandert durch die etwas gammelige Kelleratmosphäre. Es geht um den Unterschied von Berliner Liedschule, wie «Der Mond ist

aufgegangen», und der Schubertschen Liedästhetik; im ersten untermalt die Musik das Gedicht, im zweiten Fall kommt
durch die Feder des Komponisten etwas Neues, Großes hinzu. Wieder geht die Konzentration des Lehrers auf die Schüler
über. Mun nennt es «doppelbödig», ein Schüler ergänzt «am-
bivalent».

Iru Mun springt zu den Tasten, und es erklingt dramatisch
Goethes «Erlkönig» in der Vertonung von Schubert. Dann verteilt er die Noten aus Schuberts *Winterreise*, spielt und singt
daraus das Lied «Ich träumte von Lieb' um Liebe».

Die Schüler geben wieder, wovon die Rede ist: «Da ist jemand im Winter, der träumt sich in den Frühling.» Mit einem
Mal steigt das Engagement im Kellerraum. Das Sich-woan-
dershin-Wünschen zündet.

Und nun geschieht ein Wunder. «Hört noch mal», sagt Iru
Mun und drückt auf den CD-Player, der auch auf dem Flügel
steht. Da erklingt wieder der Bariton des Wanderers, doch mit
einem Mal verwandelt sich der Keller in eine Kathedrale. Zwei
Schüler, die zuvor noch tuschelten, werden still, andere richten sich auf, ein Mädchen schließt die Augen. Nicht in einem
schön lasierten Waldorfmusikraum, sondern in einem Rum-
pelkeller geschieht etwas Einmaliges, das sich als ein Schatz
in die Seelen der Jugendlichen senkt. Man kann, dafür ist dieser lange Augenblick ein Beispiel, in vier Minuten mehr lernen als in einem Monat.

Als das Lied verklingt und Iru Mun auf die Stopptaste drückt, ist der Raum voll lautloser Musik. Nicht anders als in Schuberts Lied, wo der Verliebte in eine andere Welt entrückt wird, sich für ihn der Himmel öffnet, ist auch hier für kurze Zeit etwas Größeres anwesend. Eine Schülerin flüstert: «Wow!» Es ist ein heiliger Moment, der uns vereint, ein Moment, den Iru Mun keine Sekunde überdehnt. Als wäre nichts geschehen, läuft der Unterricht recht nüchtern weiter.

In der Pause unterhalten wir uns. Mun freut sich, dass ich diese Dichte auch so empfunden habe: «Solch einen Moment darfst du nicht halten wollen, über ihn kannst du auch nicht sprechen, weil er größer ist als die Sprache.» Nicht für den Augenblick, sondern für die ganze Weite der Biografie solle man unterrichten, verlangt Rudolf Steiner. Hier war es so. Diese mächtige Innerlichkeit, die den Kellerraum füllte, die mag einem Schüler vielleicht in dreißig Jahren in einer ausweglosen Krise den Boden schenken. So kurz der Nachklang dieses Momentes ist, so lange war vermutlich seine Vorbereitung, dass in den Schülerseelen die Aufmerksamkeit und Stille herrschte, um das Unhörbare der Musik zu hören.

«Ihr Lieben, ich wünsche euch einen schönen Tag!» Damit verabschiedet Iru Mun seine Schülerinnen und Schüler. Ich schildere ihm meine Beobachtung, dass er trotz kurz gehaltener Zügel im Unterricht immer auf Augenhöhe mit den Kindern ist.

«Mein Leben ist mit Familie, Lehrerseminar, meinen Konzertengagements und dem Waldorflehrersein so stressig, das geht nur, wenn ich im Denken, Fühlen und Wollen authentisch und im Gleichgewicht bin. Vor der Klasse bin ich nicht anders als am Familientisch.» Und so wirkt der Vierzigjährige auch, der als Kind mit seinen Eltern aus Südkorea nach Deutschland kam: immer echt, immer ganz bei sich.

Als ich ihn verlasse, kommt mir ein Ausspruch des Dichters Friedrich Hebbel in den Sinn: «Es gibt Menschen, die sind Lieder.»

Das ganze Leben hineinwerfen.
Franz Glaw

Mathematiklehrer
an der Rudolf Steiner Schule Düsseldorf

Der Unterricht beginnt mit einer ganzen Reihe von Widersprüchen. Franz Glaw fängt mit einer Kopfrechenübung an: «37», sagt er leise, und die Schüler sollen nun im Stillen bis Hundert auffüllen (63), diese Zahl drehen (36) und diese bis Hundert ergänzen (64).

Es knistert im Klassenraum. Manche schließen die Augen, andere bewegen lautlos die Lippen oder helfen sich mit den Fingern. So geht es drei Runden. Denken als Algorithmus, als Räderwerk. Interessant und monoton zugleich.

Dann der Kontrapunkt; es geht um die Bedeutung der Statistik und Wahrscheinlichkeitsrechnung: Glaw erzählt schmunzelnd von dem Buch *Denken hilft zwar, nützt aber nichts* von Dan Ariely.[80] Der Verhaltensforscher zeigt auf, wie mit Schnäppchenkauf oder Alltagsbetrügereien beinahe alle Menschen allzu leicht irrational und unvernünftig handeln. Der Unterricht beginnt mit Denken als Kärrnerarbeit und schwingt sich mit einem Male zu einem Denken auf, menschliches Verhalten aus soziologischer Perspektive zu verstehen – Transpiration und Inspiration.

Dann folgt ein nächster Kontrapunkt: Ein verspäteter Schüler muss vor der Tür warten, wird schließlich eingelassen, um sich seine Strafarbeit abzuholen. Doch worin besteht sie? Glaw hält ihm einen Teller vor die Nase, als würde er ihm Süßigkeiten offerieren. Der säumige Schüler muss ein Los ziehen, nein, darf ein Los ziehen, denn als er das geöffnete Papier liest, schaut er enttäuscht zu Glaw.

«Eine Niete!», sagt der Lehrer, denn es steht nichts drauf, was heißen soll, es gibt keine Strafarbeit. Das trifft erst am nächsten Tag einen anderen Schüler, der vom Zettel vorliest: «Modellversuch zum autonomen Fahren in Düsseldorf». Aus seiner Tasche zieht Glaw einen aktuellen Zeitungsartikel zu diesem Thema: «Darüber halten Sie dann morgen ein kleines Referat.»

Später erklärt mir Franz Glaw, dass die Schülerinnen und Schüler mit der Recherche zu einem Thema leicht überfordert seien, deshalb habe er zu den in den Losen versteckten Themen jeweils passende Texte in petto. Wie beim Kopfrechnen und der anschließenden Buchvorstellung folgen wieder Notwendigkeit (Strafarbeit) und Freiheit (Losziehen) aufeinander, sind zwei Seiten einer Medaille.

Form und Spiel, die von Friedrich Schiller in seinen *Ästhetischen Briefen* so ausführlich untersuchten Gegenspieler, geben sich bei Glaw fortwährend die Hand. Vielleicht, so kam mir, ist dieses Spiel möglich, weil er nicht nur Mathematik, sondern auch Deutsch unterrichtet, also das Exakte der Zahlen und Figuren ebenso kennt wie die Mehrdeutigkeit und Poesie der Worte. Die Einseitigkeit des jeweils einen Faches löst sich auf, das lässt den Unterricht zugleich geordnet und inspirierend sein.

Dann geht es an die Wiederholung der vergangenen Woche. Die Aufmerksamkeit der Klasse ist noch verhalten. «Mir kommen sechs Dinge», sagt er und übersieht absichtlich die passive Stimmung. Er aktiviert das Ortsgedächtnis: «Was stand denn oben links, hier in der Ecke, auf der Tafel?»

Binomische Formeln und quadratische Ergänzung treten so aus dem Dämmerbewusstsein. «Wo sagte ich ‹Das weiß ich selbst nicht?›», fragt er und schließt eine Bemerkung an, die mich elektrisiert: «Ich weiß es übrigens oft nicht, sage es aber nicht unbedingt.» Manche Schüler überhören die Fußnote, aber zwei heben den Kopf und schauen irritiert oder berührt auf ihren Lehrer.

Ohne Not, ohne Anlass zeigt Franz Glaw etwas von sich und offenbart damit einiges von sich. Was muss geschehen sein, dass diese Offenheit so unvermittelt hereinbricht? Wer «über» den Schülern auf dem Katheter steht, wird nie solche Worte finden. Wer kumpelhaft mit ihnen am Tisch sitzt, von dem werden sie solche Worte nicht ernst nehmen. Es ist wiederum das Zwischenreich von Ernst und Spiel, von Nähe und Distanz, das solch einen Einwurf möglich und hörbar macht.

Im abschließenden Gespräch erfahre ich dann den größeren Hintergrund – ein Hintergrund, der zugleich ein Licht auf

das Lehrersein allgemein wirft. Glaw erzählt mir, dass er vor
vielen Jahren mit einem Schülervater ein Gespräch hatte, das
sein Lehrerbild über den Haufen warf: «Martin hat ein Problem mit Ihnen, Herr Glaw. Sie machen einfach alles richtig
und wissen auf alle Fragen eine passende Antwort.» Es sei die
Perfektion gewesen, die minutiöse Vorbereitung, die seinem
Sohn die Luft zum Atmen nahm und ihn eine eigene Entwicklung unerreichbar erscheinen ließ. Das habe Glaw dazu
gebracht, sein Unterrichten auf den Kopf zu stellen und alles
anders zu machen. Dann, so Glaw, habe er mit den Schülern in
einem Boot gesessen, hätte mit ihnen Pferde stehlen können.
«Früher war es mir unangenehm, wenn die Schüler meinen
Vornamen wussten. Distanz war mir wichtig – jetzt wurde es
zu nah.» Das Pendel schlug nun in die andere Richtung. Glaw
übernahm für einige Zeit eine Aufgabe in der Wirtschaft.

Diese Schilderung ließ mich verstehen, dass man als Lehrer seine ganze Biografie in die Waagschale legt. Erst der Pendelschlag von Distanz und Nähe macht es Glaw möglich, nun
damit virtuos umzugehen. «Die Schüler erleben mich als Lehrer, den sie von zwei Seiten kennen.»

Man brauche wohl, meint Franz Glaw, seine persönlichen
Grenzerfahrungen, um unterrichten zu können. Wer schon
vor einer Klasse gestanden hat, der weiß, dass hier auch
der eigene Schattenwurf zum Vorschein kommt. Es ist das
Gewicht der eigenen Biografie, das Auf und Ab in den Lebens-

jahren, das hier die Standfestigkeit und Beweglichkeit gleichermaßen schenkt.

Ich frage Franz Glaw, wie es denn möglich sei, so offen zu sprechen und sich auch infrage stellen zu können. «Das geht nur, wenn du in einem Kollegium eingebettet bist. Das erlaubt dir dann, deine Einseitigkeit, die du nun mal hast, zu zeigen. Aber eben auch die Lern- und Entwicklungsfähigkeit.»

Ich ergänze für mich: Wer vor und in der Klasse die eigene Biografie in die Waagschale wirft, wem es also gelingt, die Masken abzulegen, die sich allzu leicht vor das Antlitz stellen, bei dem wird aus Einseitigkeit Persönlichkeit, und das ist ja, was Erziehung ausmacht – Persönlichkeit.

«Bisschen mehr Power da rein».
Mona Doosry

Deutschlehrerin
an der Rudolf-Steiner-Schule Hamburg-Wandsbek

Es gibt Stunden in den zwölf oder dreizehn Jahren Waldorfschule, auf die scheint alles zuzulaufen wie Fäden auf einen
Knoten, in dem es dicht wird und alles sich wendet, in denen
die Kinder zum Sprung ansetzen. Vermutlich ist «Blüte» das
bessere Bild:

Adverb und Adjektiv unterscheiden können, Vokale
eurythmisch ausdrücken, Tomaten pflanzen, Schalstricken –
alles Üben und Verstehen hat Wurzeln und Blätter gebildet,
sodass die Blüte in der Seele aufspringen kann.

Wenn in der 4. Klasse ein Ast gebrochen und so das
Bruchrechnen eingeführt und die Trennung von Ich und Welt
Bild wird (siehe auch S. 28), ist das solch ein Moment, oder der
Griff nach dem Unendlichen in der Projektiven Geometrie.
Eine der schönsten Blüten in der Schulzeit ist die Geschichte
von Parzival in der 11. Klasse, wenn die Seele beginnt, Herrin
ihrer selbst zu werden.

Mona Doosry und ihre Klasse sind mitten im Epos angelangt. Morgens beginnt es stehend mit einem Morgenspruch
von Goethe:

«Nach dem Gesetz, wonach du angetreten.
So musst du sein, dir kannst du nicht entfliehen.»
Und später: «Urworte. Orphisch.»

Rudolf Steiners Morgenspruch sei ihr für eine elfte Klasse nicht mehr altersgemäß, erklärt Doosry mir. Dann folgen Artikulationsübungen. «Tritt dort die Türe durch! Dridd dort die Düre durch!» Das Tempo ist hoch, und sie nutzt das Luftholen der Schüler für Zwischenrufe: «Bisschen mehr Power da rein.» Sie gibt einen fortwährenden Energiestrom in die Klasse.

Dann sprechen sie den Prolog aus Wolframs Dichtung. «Das ist total modern, denn es beginnt mit dem Zweifel», ruft Mona Doosry. «Ist zwîvel herzen nâchgebûr, daz muoz der sêle werden sûr.»

Mit der Dichterin Hilde Domin geht es dann direkt in die Gegenwart:

Auf der anderen Seite des Mondes
gehen
in goldene Kleider gehüllt
deine wirklichen Tage ...

Immer geht es um die Seele, die eigene Seele.

«Steht da ‹Monds› oder ‹Mondes›?», fragt die Lehrerin in die Klasse. «Mondes? Okay, dann Mondes.» Diese Nachfrage lässt mich aufhorchen, etwas Ähnliches gleich noch einmal. «Ein grünes Blatt – von Theodor Strom», beginnt eine Schülerin ein Naturgedicht vorzutragen – und Doosry, als wüsste sie es selbst nicht besser: «Strom oder Storm?»

Sie ist so mit den Schülerinnen und Schülern vereint, so in der Lerngemeinschaft dabei, dass von dem Reflex des Besserkönnens und Besserwissens keine Spur ist. Wie eine Spirale verdichtet sich die Frage nach der Seele, denn nun lesen die Jugendlichen Kurzgedichte vor, sogenannte Haikus, wobei jeweils ein Mitschüler gemeint ist.

Ein Schatz ruht in ihm –
ach, wann wird er gehoben?
Wir freuen uns auf Gold.

So lautet der erste Haiku, den Doosry für jeden Schüler als Adventskalender geschrieben hat. «Langsam, genießen Sie's bitte!»

Also noch mal. Die Klasse ist jetzt völlig still. Ein Name fällt. «Nein, nein», schütteln einige den Kopf. Andere murmeln die Zeilen nach. Dann ein weiterer Name – breite Zustimmung. Dass Schüler so innerlich übereinander sprechen und denken, gehört zur Blüte, um die es hier geht.

Etwas später geht es an das Parzival-Epos: «Welches Bild steht Ihnen am stärksten vor Augen?» Hier will sie absolute

Ruhe und bekommt sie. «Ich würde hier gerne die Aufmerksamkeit halten, deshalb schreibe ich nur Stichworte an die
Tafel.»

So ist es bei Mona Doosry immer wieder, dass sie erklärt,
warum sie gerade etwas tut – wieder ist sie Teil der Lerngemeinschaft. Es folgen die Bilder «Die Lanze, von der das Blut
abtropft» – «Parzival quetscht die Hand des Narren» …

Wenn jemand mit seinen Empfindungen weiterschreitet,
holt sie ihn geduldig ins Bild zurück: «Parzival erwacht allein,
überall liegen Waffen zerstreut.» – «Sigune hält den Einbalsa-
mierten über Wochen im Arm.»

Bild folgt auf Bild. «Welche Stimmung ist da?», fragt Mona
Doosry jetzt und geht so mit der Klasse durch die Geschichte,
als wäre es eine Landschaft, von der sie weiß, dass die Schülerinnen und Schüler sie gut kennen. «Ein besonderes Bild ist für
mich», sagt Doosry, «dass Parzival träumt, es würden am Saum
seines Mantels Tjosten ausgetragen, Kämpfe im Schlaf.» Das
«für mich» höre ich: Es meint wieder, dass hier niemand den
anderen voraus ist.

Dann geht es auf den Kern zu, die Schüler sammeln Fragen
zum großen Epos. «Warum findet man die Burg nicht, wenn
man sie sucht?» – «Warum ist der heilige Gral nicht Kelch,
sondern Stein?» Dann die Hauptfrage: «Warum hat es solche
Folgen, dass Parzival nicht gefragt hat, und was hätte er überhaupt fragen sollen?»

Interessant: Mona Doosry wiederholt die Fragen meist im gleichen Wortlaut; selbst wenn es unbeholfen klingt, optimiert sie nicht. Nicht allein die Sache zählt, sondern auch die Schüler.

«Haben wir alle Fragen? Sonst melden, damit keine uns entgeht», sagt sie und schreitet mit der Klasse zum Kern, der Essenz der Essenz: «Welche Frage ist die drängendste?»

Sie lässt eine Schülerin noch mal alle notierten Fragen vorlesen. Es klingt recht monoton, da kommentiert Doosry: «Das war mit Leidenschaft vorgetragen.» Alle lachen.

Dann eine Meldung: «Also *ich* finde, warum er nicht gefragt hat, darum geht's, weil das am meisten Auswirkungen hat.» Die Schülerin betont hierbei, dass es ihre persönliche Einschätzung ist, und begründet sie zugleich aus dem Text. Das ist hohe Schule, denn sie argumentiert subjektiv und objektiv zugleich.

«Warum hat er nicht gefragt?», will Mona Doosry wissen.

«Er folgt der Ritterlehre: Man soll nicht fragen!», sagt ein Schüler.

Doosry: «Kann jemand schauen, wie es im Text heißt?»

Einige Schüler blättern im dicken Buch. – Ich finde noch ein Wort sehr wichtig. Wie ist ihm zumute? Ihm ist es «peinlich», «der höfischen Zunft willen war es ihm peinlich, danach zu fragen». – «Was bedeutet das denn?», fragt Doosry weiter.

Allen wird deutlich, dass es hier Parzival darum geht, sich an die Ritterlehre des Gurnemanz, an das gesellschaftliche Ideal zu halten.

«Er hört nicht auf sein Bauchgefühl, sondern auf die Regel», sagt eine Schülerin.

«Was hätte er denn fragen können?»

Es kommen Vorschläge: «Warum ist hier alles komisch?» – «Wie kann ich helfen?»

Doosry notiert die Einwürfe auf der Tafel und fasst zusammen: «Er folgt der Lehre, entscheidet nicht für sich, er ist noch nicht selbstständig.»

«Auf der Gralsburg, da ist es wie ein Traum», sagt eine Schülerin.

Doosry muss sich jetzt wohl freuen, mit ihrer Schar so zum Kern gefunden zu haben. Sie zeigt es nicht, fasst nur das Letzte ruhig zusammen: «Also ein Erlebnis, das sich auf einer anderen Ebene abspielt.»

Eine Schülerin ergänzt: «Es gibt gar nicht die eine Frage.» Und Doosry: «Haben die andern verstanden, was gerade gesagt wurde? Halten Sie das fest!»

«Lernt fragen!»
Thomas Neukirchner

Physik in der 12. Klasse,
Freie Waldorfschule Karlsruhe

Auf dem Lehrerpult ist aus Spiegeln, Projektoren und Pappscheiben ein Versuch zur Optik aufgebaut, und daneben steht Thomas Neukirchner, mit geneigtem Kopf und den Fingern nachdenklich an den Lippen. Tausendmal haben die Jugendlichen einen Spiegel gesehen und haben sich im Spiegel betrachtet, doch nun wird dieses allzu selbstverständliche Phänomen zum Rätsel.

Neukirchners Blick wechselt vom Versuch zu den Schülern und wieder zurück. Er schaut, als würde er zum ersten Mal ein Spiegelbild sehen, und doch spüren die Schülerinnen und Schüler, dass er sein Metier beherrscht. Er formuliert nur halbe Sätze, unterbricht sich selbst, weil das Beobachten und das Nachdenken zählen und nicht das Formulieren. Mich erinnert es an den Schauspieler Peter Falk, der mit der Figur des Columbo einen solch suchenden, nachsinnenden Charakter weltweit in die Wohnzimmer brachte.

Oft hält Neukirchner nach ein paar Worten inne. Ja, er ist der Entdecker, und das steckt die Schüler an. Sobald ein Schüler etwas sagt, lässt Neukirchner alles Eigene sein und wiederholt, was er gehört hat. Egal wie umständlich oder langsam jemand formuliert, Neukirchner verliert nicht die Geduld. Das gibt den Schülerinnen und Schülern das Gefühl, ernst genommen zu werden.

Ich glaube, ich habe noch nie einen so radikal gewaltfreien Unterricht erlebt wie hier im Physikunterricht von Thomas Neukirchner. Der übliche Morgenspruch – hier sprechen ihn die Jugendlichen im Sitzen. Es sei ein emphatischer Appell an sich selbst, da wolle er nicht eine besondere Haltung vorgeben, erklärt er mir. Dann kommt ein Schüler zu spät und lässt sich kommentarlos auf seinen Platz fallen. Auch hier keine Ermahnung, kein Schnaufen oder Augenrollen, keine Geste, die ein Oben und Unten erklärt, sondern nur ein unmerkliches freundliches Nicken vom Lehrer. «Ich kann es nachempfinden, dass es schlechte Tage gibt, das ist bei uns Erwachsenen nicht anders.»

Diese Großzügigkeit oder Großherzigkeit von Neukirchner ist dabei kein «Laisser-faire», keine Unverbindlichkeit. Vielmehr braucht er diese gewaltfreie Atmosphäre, um einen Raum zu erzeugen, in dem die Schüler lernen, ihre eigene Suche zu finden. «Jetzt, am Ende der Schulzeit, kommt es darauf an, dass die Schüler ihren eigenen Fragen zuhören, nicht meinen Fragen als Lehrer.»

Dass die Schüler erleben, wie rätselvoll die physikalischen Erscheinungen sind, dafür kann Neukirchner in

nachdenklichen Gebärden verharren, die Augenbrauen zu-
sammenziehen oder mit der Hand die Lippe kneten oder die
Augen schließen, damit das Beobachtete innerlich noch einmal aufleuchtet. Mit einem ganzen Register an Körpersprache ruft er lautlos zum Beobachten und Verstehenwollen der
Naturphänomene auf.

«Auf diesen gelebten Augenblick kommt es mir an, wo
mir etwas zur Frage wird», betont er im Gespräch nach dem
Unterricht im Physikvorbereitungsraum.

Am nächsten Tag geht es um die Parallaxe, um das räum-
liche Sehen. Erst zeichnen die Schüler das, was sie mit dem
linken und dem rechten Auge sehen, als zwei getrennte Bilder. Manche zeichnen allein, andere zu zweit oder zu dritt.
Dann geht es um die scheinbare Verschiebung der Dinge,
wenn man an ihnen vorbeiwandert. Während beim wech-
selnden Blick mit linkem und rechtem Auge die Perspektive
springt, wandert sie in der eigenen Bewegung kontinu-
ierlich.

«Warum verschieben sich die Dinge, die weiter weg sind,
weniger stark als die näher liegenden?», fragt eine Schülerin,
und Neukirchner antwortet: «Lass das ‹Warum› mal weg.»

Der Verstand will die Ursache, will den Grund kennen,
verliert damit aber die Beziehung zum beobachtenden Gegenstand. Diese Verbindung zur Erscheinung will Neukirchner
aufrechterhalten. Indem sie zuerst nach dem «Wie» fragen,

sind die Schüler intellektuell engagiert und bleiben doch
nahe am Phänomen.

Dann schauen die Jugendlichen durch große Sammellin-
sen auf ein Bild und sollen sich nun wiederum bewegen. Da:
das Bild geht mit, «als wär' es unendlich», ergänzt eine Schülerin. Dann lässt Neukirchner Schüler aus verschiedener Distanz auf ein Bild mit einer festen Linse schauen. Erst probieren, dann dokumentieren.

Wieder fragt jemand: «Das Bild dreht sich um, wenn ich
weiter weg gehe – warum?» Von Neukirchner kommt nur
ein «Hmm». – «Weil die Welt magisch ist!», antwortet ihr
Sitznachbar. Eine andere Schülerin: «Was muss ich sehen?»
Neukirchner: «Was können Sie sehen?»

Am dritten Tag entdecke ich zwei Bewegungen, die Thomas Neukirchner immer wieder macht. Erst spielt er, er wandert mit seinen Schülern um ein Phänomen und wartet, dass
dabei Fragen entstehen. Dann zurück zum Phänomen. Das
Pendel schlägt mal auf die praktische, mal auf die ideelle Seite. Als es um die Linse geht, bringt Neukirchner eine dünne,
durchsichtige Plastikscheibe mit, die wie eine Linse vergrö-
ßert. Es ist eine Linse, die in einzelne Stücke zergliedert ist
und deshalb flach sein kann. Tageslichtprojektoren haben
solche Scheiben.

Dann geht es auch in philosophische Bereiche, wenn die
Klasse diskutiert, was eigentlich reell, was «Wirklichkeit»

bedeute. Aber auch hier, wo man spürt, dass sich der Physik-
lehrer viele Gedanken gemacht hat, bleibt er meist stumm
und wartet, bis Fragen und Einsichten von den Schülerbän-
ken kommen.

Was ihn am Unterricht denn am meisten freue, frage ich
ihn. «Wenn die Schüler eine Brücke zu ihrem eigenen Leben
bilden. Das erlebe ich als Geschenk.» Und auf die Frage, wie
er den Unterricht gerne weiterentwickeln möchte: «Im Kreis
sitzen, das wäre was – und dass kein Lehrplan, kein Curriculum drängt, sondern wir innehalten können, weil die Klasse
es will.»

Deine Gefühle sind wahr!
Jutta Rohde-Röh

Eurythmielehrerin
an der Waldorfschule Flensburg[81]

Hier gibt es keine Stühle und keine Tische, kein Lehrerpult,
nur eine Tafel und ein Klavier, sonst allein ein leerer Raum.
Diese Leere lenkt die Aufmerksamkeit auf den Hörraum, auf
ein Gedicht oder ein Musikstück. Während die meisten Unter-
richtsfächer einen visuellen Schwerpunkt haben, zählt hier
das Hören.

Der leere Raum, so heißt auch das Buch des großen Theater-
manns Peter Brook.[82] Sein Credo darin: «Wo nichts ist, ist alles
möglich.» So ist es auch hier, denn das einzige, was hier «ist»,
das ist die Klasse und die Eurythmielehrerin Jutta Rohde-Röh.

Zur heutigen Welt der Überfülle und Zerstreuung ist diese
Sammlung und Konzentration auf sich selbst der Kontrapunkt.
Es gibt wohl keinen anderen Unterricht, in dem die Schüler so
deutlich und immer wieder erleben können, dass «Stille» viel
mehr ist als die Abwesenheit von Geräusch und Lärm.

In diese Ruhe stellen sich nun die Schüler der Oberstufe
mit ihrer Lehrerin im Kreis und neigen sich nach hinten, als
würden sie sich an eine imaginäre Wand anlehnen, und dann

nach vorne. Was als unbewusstes Pendeln in der Senkrechten ständig geschieht, wenn man aufrecht steht, das wird hier bewusst ergriffen. Manchmal spricht Jutta Rohde-Röh den Vokal «A», wenn es nach hinten geht, und ein «O», wenn man sich nach vorne, der Welt zuneigt, und schließlich ein «I», wenn man in dieser labilen Mitte senkrecht steht. Es ist das Spiel von «Beeindrucktwerden», wenn die Welt einen zurückweichen lässt, und «Beeindrucken», wenn man auf sie zugeht.

Das Atmen ist im Organismus das fortwährende Spiel dieser zwei Haltungen zur Welt. Im Ausatmen fühlt man sich der Welt überlegen, im Einatmen ist die Außenwelt das Vorherrschende. Aus- und Einatmen sind so grundlegende Eigenschaften, dass es nicht wundert, wenn für Atem und Seele in vielen alten Sprachen das gleiche Wort gilt. Im Chinesischen ist es das Qi, das sowohl Atem als auch Seele bedeutet. Gleiches gilt für die griechische «Psyche» oder in Indien für «Prana» und in der lateinischen Sprache für «Anima», das ebenfalls Seele und Atem meint. Diese gemeinsame Bedeutung unterstreicht, dass das Atmen nicht nur Leben und Beseelung möglich macht, sondern das seelische Leben und das Schwingen von Aus- und Einatmung zwei Seiten einer Medaille sind.

Der Waldorfpädagoge Jörgen Smit hat für diese zwei Seiten der Seele bildhafte Beschreibungen vorgeschlagen:[83] «Wachsmensch» und «Gummimensch». Wachs gibt jedem Eindruck nach, alles hinterlässt eine Spur, und die ursprüngliche Kontur droht verloren zu gehen. Umgekehrt verhält es sich mit Gummi. Es gibt einem Eindruck zwar nach, aber anschließend kehrt das Gummi in den ursprünglichen Zustand zurück. Die Welt hinterlässt keine Spur. Droht dem Wachsmenschen der Verlust der Identität, weil alles ihn formt und prägt, verliert der Gummimensch den Zusammenhang mit der Umgebung, weil er immer wieder in sein Ursprüngliches zurückfällt. Es kommt also auf das Gleichgewicht zwischen diesen Extremen an. In der Eurythmie üben die Schüler bei Jutta Rohde-Röh immer wieder diese Balance, über das Dynamische die Mitte herzustellen.

Zurück zur Stunde: Wieder im Kreis laufen jetzt Einzelne hinter ihrem rechten nächsten Nachbarn und vor ihrem übernächsten Nachbarn – aus dem Kreis der Stehenden wird ein strömender Kreis. Dann erklingt ein Stück von Debussy von der Pianistin im Raum. Manche laufen eine Form, die der Bassstimme entspricht, andere folgen mit ihren Schritten der Melodiestimme.

Immer wieder fragt Rohde-Röh, wie die Schüler denn dies oder das erleben würden. Hier gibt nicht die Lehrerin die Zensur, nein, das eigene Empfindungsvermögen ist der Gradmesser. Das Erlebnis zählt. Manchmal schildert sie auch, was sie sieht, und versichert sich, ob das denn stimme. Manchmal hält sie aus voller Konzentration auf die Bewegungen und die Schritte der Schüler ihre Hand vor den Mund. Diese Aufmerksamkeit, die immer mehr sieht, als man eigentlich sieht, die immer sehen will, was gemeint ist, gibt den Schülern Vertrauen und fordert doch Präzision.

Es herrscht eine Arbeitsatmosphäre. «Sollen wir hier parallel laufen?», will ein Schüler wissen, und Rohde-Röh spielt den Ball zurück. «Was meinen Sie denn? Wie soll das Stück enden? Wer hat eine Idee?», fragt sie die Elftklässler, die jetzt mit ihr im Raum sind.

Die Jugendlichen stehen herum und überlegen, es kommen einzelne Vorschläge, die die Lehrerin mit wiegendem Kopf wiederholt, damit jeder einsteigt. «Hört noch mal zu.» Das Stück erklingt noch einmal, während die Schüler frei im Raum stehen, nach dem letzten Ton ist dann Stille.

«Schön, oder?», fragt Jutta Rohde-Röh, und weil sie sonst nüchtern ist, haben selbst die langen Kerle kein Problem damit zuzustimmen und sagen trocken: «Ja.»

Dann geht es um eine Choreografie zur Geschichte von Kaspar Hauser. Ein Junge spielt den einsam ausgesetzten Hauser und sitzt dabei auf dem Boden – in der Mitte und doch ganz verloren. Auch hier danach die Frage: «Wie war das für Sie, so zu sitzen?» Es gibt wohl kaum ein anderes Schulfach, in dem die Gefühle der Schülerinnen und Schüler so ernst genommen werden.

In der Mittelstufe bearbeiten die Schülerinnen und Schüler das Gebet der Hopi-Indianer «Der Stein spricht»:

Ich bin ein Stein,
ich habe Leben und Tod gesehen,
ich habe Glück erfahren, Sorge und Schmerz.
Ich lebe das Leben der Felsen.
Ich bin ein Teil unserer Mutter Erde.
Ich fühle ihr Herz schlagen an meinem,
ich fühle ihren Schmerz. ...

Von T-Lauten in Tod und Teil und «E» in Leben, Fels und Erde geht es zu «S» und «Sch» in Sorge, Schmerz und mündet in weiteren Zeilen mit Universum und Grund im «U».

«Spürt ihr euer Herz? Spürt ihr das Herz der Erde?», fragt wieder Jutta Rohde-Röh.

Bei der Zeile «Ich bin ein Teil unseres Vaters, des großen Geheimnisses» weiten die Jugendlichen erst die Arme – Verehrung für den Vater – und drängen sich dann im engen Kreis zusammen, und mit einem Mal meint man das Geheimnis vor sich zu sehen. Wenn die Natur dann spricht: «Ich habe die Kraft zu heilen, doch du musst mich suchen», bilden die Schüler eine Gasse, durch die ein einzelner Schüler schreitet. Es ist ein magischer Moment. «Das ist Seelenarbeit», sagt mir später Jutta Rohde-Röh, «und ich versuche eine Atmosphäre zu schaffen, in der die Schüler Fragen stellen.»

Eine Stunde später übt ein freies Ensemble von der 9. bis zur 12. Klasse an der Interpretation von Edvard Griegs

Suite «Aus Holbergs Zeit». Eine Pianistin ersetzt virtuos das Streichorchester. Einige Schüler stehen in einer Reihe, eine Mauer, durch die drei Jungen brechen. Sie zeigen in ihrer Bewegung die dramatische Melodie der Celli. Ich notiere: «Die Seele ergreift den Raum!», denn mit schwungvollen Gebärden brechen die jungen Männer hervor. Dann kommen feine Geigenklänge, und entsprechend zarter sind die Figuren, die nun einige Schülerinnen laufen. Als eine Schülerin quer durch den Eurythmiesaal rennt, ruft Rohde-Röh hinein: «Es gibt nicht den Ort, wo ihr sein müsst, es geht um die Beziehung!»

Die ist aber komplex; weil sich die einzelnen Stimmen umspielen und durchdringen, müssen die Schüler um ihre Mitschüler laufen, die sich selbst aber auch bewegen. «Das macht wach», kommentiert es die Lehrerin. Dann folgen kaum hörbare Bratschenklänge – so leise die Musik, so aufmerksam die Schüler.

Nach dem Stück fragt Jutta Rohde-Röh: «Mögen Sie denn das Stück überhaupt noch?» – «Ja», rufen einige, andere nicken still.

Beim Anblick der Eurythmie zur Holberg Suite wurde es mir klar: Hier übt die Seele, sich zu zeigen, indem sie durch den Körper im Raum den Klang – auch den unhörbaren –, in Bewegung sichtbar macht. In einer Zeit, in der der Ausdruck des Inneren und Eigenen immer wichtiger wird, ist das eine wichtige Schulung.

Schon ist die Stunde vorbei, und nach kurzem Lüften kommen jetzt Fünftklässler herein. Wieder beginnt es mit Laufübungen im Kreis. Die Atmosphäre ist nüchtern und konzentriert zugleich. Die Form, die die Kinder laufen, wird komplizierter: Jetzt sind es zwei Kreise, die sich ineinander verschlingen, die vor- und zurückpulsieren und zu einem großen Kreis verschmelzen, um wieder zu zweien sich aufzuspalten. Dabei hören die Kinder nicht auf zu laufen. Es ist ein Wirbel; ich zähle sechs Ebenen, auf die die Kinder achten müssen: die Schritte, die Gebärden, mit denen sie einzelne Laute oder Töne darstellen, die Musik, den Rhythmus, die Mitschüler, um nicht zusammenzustoßen, und schließlich sich selbst.

Am Schluss gibt es die längste Minute der Woche, und es ist auch die stillste: Die Schülerinnen und Schüler stehen am Ende der Eurythmiestunde im Kreis und lassen als ein gemeinsames Echo die Stunde nachklingen. Selten murrt oder tuschelt jemand, denn alle haben die Erfahrung gemacht, dass in dieser Stille manchmal etwas anwesend ist, das einen tiefer, als es das Alltagsleben bieten kann, sich selbst begegnen lässt. Diese Tür zu sich selbst öffnet sich nicht auf Knopfdruck, sondern weil man die Musik in Bewegung bringt, lernen die Ohren immer besser zu hören und schließlich zu lauschen.

Die Stille ist dann die Frucht eines ausführlichen Hinhörens. Dieses bloße Hören öffnet die Tür in eine andere

Welt – eine andere Welt als die äußere, die sich vor allem als Bilderwelt dem Auge präsentiert. Das Bild kommt der ungeduldigen Seele entgegen und präsentiert sogleich die ganze Szenerie. Anders die Melodie oder die Sprache: Hier geht es immer um ein Nacheinander, einen Prozess, einen Verlauf, dem man folgen muss, will man das Ganze fassen. In der Eurythmie geht es deshalb fortwährend darum, zu hören, einen solchen Hörraum herzustellen, um im Gehörten das Unhörbare, das Unerhörte ergreifen zu können.

«Musik ist nicht hörbar, sie macht hörbar.» Um diesen Kernsatz des Musikalischen bemüht sich Eurythmie. Das Eigentliche der Musik – nicht die Töne selbst, sondern was die Töne zu erzählen wissen, was als Unhörbares in der Musik lebt – will Eurythmie sichtbar machen. So ruft jede Eurythmiestunde die Schülerinnen und Schülern dazu auf, bei einem Gedicht oder einer Melodie genau hinzuhören, um mit der Präzision des Empfindungsvermögens die Innenseite der Zeilen und Melodien zu hören, zu verstehen und schließlich zu bewegen.

Wer sich mit der Malerei versucht, tut gut daran, die Gesetze von Perspektive und Farbkomposition zu studieren. Wer dichten will, verinnerlicht die Stilkunde und Grammatik, und zum Schauspiel gehören Dramaturgie, Mimik und Gestik – jede Kunst hat ihr Handwerk, hat ihre Gesetze und Ausdrucksmittel. Wer sich in die Kunst vertieft, der merkt bald, dass diese Gesetze den Geist nicht einengen, sondern ihn aus dem seelischen Feld von Gefallen und Missfallen und persönlichen Vorlieben heben und zum eigenständigen Ausdruck führen.

Nicht anders ist es in der Eurythmie. Auch hier entdecken die Schülerinnen und Schüler, dass zum Beispiel die drei aufeinanderfolgenden «A»-Vokale aus dem Anfang des Johannesevangeliums nach dem «I» mit einer geöffneten Armgebärde ins Bild gebracht werden können und erst durch dieses dreifache «A» das abschließende «O» ein mächtiges «O» wird. «Im Anfang war das Wort.» – Und später heißt es dort : «Ich bin das Alpha und das Omega.» Es geht also darum, solche Worte, die in allen Religionen zu finden sind und die sich ja nicht an den Alltagsverstand richten, mit dem eigenen Leib zu verstehen.

Eurythmie zieht sich durch die ganze Schullaufbahn, von der 1. bis zur 12. Klasse. Es beginnt zum Beispiel mit spielerischen Kreisbewegungen zu steigenden und fallenden Melodien, zu Versen über Wind und Wetter, Zwerge und Riesen oder Jubel und Trauer. Zwanglos und spielerisch sollte sich hier die Liebe der Kinder zur Bewegung mit den Gesetzen von Ausdruck und Gebärde verbinden. Wenn mit der Pubertät die eigenständige Persönlichkeit erwacht und ihren Ausdruck sucht, bietet die Waldorfschule mit Plastizieren, Malen, Vokal- und Instrumentalmusik, Theater und Eurythmie eine

Palette an Übungsfeldern, das Innere der Seele nach außen treten zu lassen.

Für die Eurythmie heißt das: Es zahlt sich jetzt aus, dass man sieben Jahre damit vertraut ist, sich in seiner Bewegung zu zeigen. Dieses Können überbrückt die natürliche Scham, die sich nun zwischen Ich und Welt stellt. Im engen Verband, zu dritt oder sogar allein, zeigen die Schülerinnen und Schüler ihren Mitschülern, wie sich die innere Bewegung bei der Holberg Suite in Lauf-, Arm- und Kopfbewegung ausdrücken lässt. Sie wissen und vertrauen darauf, dass ihre zuschauenden Mitschüler wie sie selbst geschult sind und deshalb mit fachlichem Blick ihrer Suche nach der richtigen Gebärde folgen.

Wenn es gelingt, können solche Präsentationen etwas Heiliges haben, weil hier die Maske abfällt, alles Gehabe still wird. Der Leib kann sich nicht verstellen. Schaut man in den kognitiven Fächern zur Tafel, zum Lehrer oder zum Versuchsaufbau, so sind hier, in der Eurythmie, die Mitschülerin, der Mitschüler im Mittelpunkt des Interesses. An deren Versuchen, dem Gedicht oder dem Musikstück den angemessenen Ausdruck zu geben, erkennt man die Schwierigkeit und wird bescheiden, erkennt man die Möglichkeit und wird inspiriert. Jetzt ist der Nächste an der Reihe, und schon sehen die Mitschüler, was und wie er das eben Gesehene aufgegriffen hat oder im negativen Fall übersehen hat. Aus dem Nacheinander wird ein Miteinander und vielleicht sogar ein Füreinander.

Der Philosoph Immanuel Kant, dessen Denken die Neuzeit maßgeblich geprägt hat, formulierte vier Kernfragen, die – so seine Einsicht – hinter allen kleinen und großen Lebensfragen stehen: Was kann ich wissen? Was soll ich tun? Was darf ich hoffen? Was ist der Mensch?

Es gehört zu einer spirituellen Perspektive auf das Leben, dass sich diese Fragen nicht aus dem äußerlich Gegebenen beantworten lassen, sondern vielmehr aus einer höheren und innerlichen Warte. Was Dag Hammarskjöld in den viel zitierten Satz bringt, dass der längste Weg der Weg zu sich selbst sei, das führt Anthroposophie weiter, indem sie dazu aufruft, diesen Weg zum Kern der Persönlichkeit über die jetzige «bürgerliche» Existenz hinaus zu gehen, um etwas vom Ewigen der eigenen Seele ahnen zu lernen.

Pädagogik soll die Heranwachsenden für das Leben ertüchtigen. Für eine spirituell orientierte Pädagogik bedeutet das dann, diese Hilfen und Schlüssel für den «längsten Weg» zu sich selbst, zu den Motiven, die in der Seele schlummern, zu eröffnen. Es gehört zu den Überzeugungen der Waldorfpädagogik, dass solche Motive für das Leben weder aus den Eltern noch einer anderen Prägung kommen, sondern allein aus der Persönlichkeit und ihrem ewigen inneren Kern. Die Umgebung – etwa die Schule und die Eltern – können und sollen helfen, dass das Kind, der Jugendliche zu seinem Wesenskern den Weg findet. «Kinder sind Reisende, die nach dem Weg fragen» – dieser viel zitierte Satz bedeutet in der Waldorfschule: der Weg zu sich selbst.

Für jenen Weg ist die Kunst die beste Brücke. Diesem Höheren, Größeren einen Ausdruck zu verleihen, ist die Aufgabe, die sich Dichterinnen und Komponisten immer wieder von Neuem stellen. Von diesem Unvergänglichen eine Ahnung zu bekommen, ja selbst zu erfahren, dass man ein Teil davon ist, das mag ein Schatz sein, der vielleicht dreißig Jahre später, in einer biografischen Krise, aus dem Innersten aufsteigt.

Es gibt aber noch eine zweite Brücke, und das ist der menschliche Leib. Besteht vielleicht deshalb heute solch ein Hype und Kult um den menschlichen Körper, weil in der Begegnung mit ihm, mit seiner Schönheit und Sinnhaftigkeit etwas von dem zu spüren ist, was man den «Tempel des Menschen» nennt?

Die Eurythmie beschreitet beide Brücken. Sie verbindet sie zu einer einzigen, indem der Leib zum Spiegel und Instrument wird und dasjenige, was die Kunst vom Himmel zu fassen bekommt, auf der Erde in einen Strom der Zeit bringt. Die Steinkreise, so Rudolf Steiner, seien vor fünftausend Jahren aufgebaut worden, um gerade dann, als mit der Schrift die Beziehung zum großen Ganzen verloren ging, eine neue Nabelschnur zum Kosmos zu knüpfen. Die Eurythmie kann heute ein solches Verbindungsmittel sein, bei dem wir Menschen selbst die Brücke werden. Friedrich Nietzsche hat es so ausgedrückt, auch wenn er dabei nicht an Eurythmie dachte: «Was groß ist am Menschen, das ist, dass er eine Brücke und kein Zweck ist.»

Worte suchen statt Vokabeln lernen.
Silvia Albert-Jahn

Englischlehrerin
an der Waldorfschule Mülheim-Ruhr

Der Englischunterricht in der 7. Klasse beginnt mit einigen Sprüchen, und spätestens beim gemeinsamen Lied ist das Klassenzimmer in englische Stimmung getaucht. Fragt ein Schüler aber etwas auf Deutsch, dann antwortet Silvia Albert-Jahn auch auf Deutsch. «Es wäre doch künstlich, wenn man Deutsch plötzlich verbieten würde», erklärt sie mir später im Gespräch.

Das gehört zur Leichtigkeit, die sich durch den ganzen Unterricht zieht. Dann geht es zum Beispiel ums Wetter, und die Schüler sollen ein englisches Wort dazu an die Tafel schreiben: cloudy, storm, windy, fog, rain und snow. Danach geht's rückwärts: Wenn jemand zu einem Wort einen Satz bilden kann, wischt Silvia Albert-Jahn es wieder aus.

Im nächsten Schritt (die Schritte folgen zügig aufeinander) wird aus dem Spiel Form: «Create your own weatherreport! You can think of any weather – everything is allowed!» Albert-Jahn gibt noch Anschubhilfe mit Sätzen wie «In the morning ...» oder «During the night ...», dann sind die Schüler dran und schreiben, während die Lehrerin durch die Reihen geht.

Bei einer Schülerin, die auf dem Stift kaut, bleibt sie stehen und fragt: «Manuela, are you okay?» Das Interesse der Schüler wächst, sie fragen nach speziellen Worten: «Was heißt ‹Sternschnuppe› auf Englisch, was ‹der Sturm beruhigt sich›?» Dann kommt die Ernte der Arbeit: «Pick your best sentence», und die Schüler geben ihre Wettermeldungen durch.

Später kommt die 10. Klasse in den Englischraum. Wieder sorgt ein gemeinsames Lied für englisches Fluidum. An der Tafel stehen einige Vokabeln, und nun sollen sich die Schüler Sätze überlegen, in denen ein oder zwei dieser Wörter enthalten sind. Wenn sie den Satz dann vortragen, sollen sie aber an die Stelle der Vokabeln ein englisches «oops» setzen. Die Aufgaben von Silvia Albert-Jahn haben immer etwas Spielerisches und lassen Platz für eigene Experimente. Vermutlich auch deshalb wird es jetzt ganz still. «They oops, oops, oops at the next morning», sagt ein Schüler zum Beispiel und nimmt gleich drei der Vokabeln auf.

Ohne Pause kommt ein neues Thema: «to persuade somebody to do something, to permit somebody to do something, to accuse somebody of doing something». Schriftlich sollen die Schüler eigene Sätze mit diesen Verben bilden. Anschließend wird wieder vorgelesen. Bei «accuse» - hier können die Schüler dreierlei einfügen - wächst die Konzentration noch einmal. Immer wieder ist in den Aufgaben eine feine

Steigerung im Schwierigkeitsgrad enthalten, das ist die sport-
liche Seite in Albert-Jahns Englischstunden.

Dann kommt wieder eine spielerische Einheit mit Im-
provisation. Die Schüler sollen von 1 bis 5 durchzählen und
bilden so fünf Gruppen. Jetzt geht es darum, gegenseitig innerhalb der Gruppen eine bestehende Geschichte weiterzu-
spinnen. Gemurmel und Lachen. Dann soll die weitererzählte
Geschichte in ein gefrorenes Bild übersetzt werden, das die
Gruppen als Körperskulptur zu bauen haben. Albert-Jahn
stört es nicht, dass ein wenig Chaos im Raum ist – eine Gruppe
hüpft vor Begeisterung. Bei ihnen liegen zwei Mädchen mit
dem Rücken aufeinander, zwei andere ziehen an deren Armen.
Wir erfahren die makabre Auflösung: Zwei Leichen im Sarg
werden exhumiert. Die Stunde vergeht wie im Flug.

Nun folgt eine 11. Klasse, wieder ein Lied zum Aufwärmen,
diesmal singt Silvia Albert-Jahn mit irischem Zungenschlag.
Die Schüler rezitieren dann von T. S. Eliot «The Journey of the
Magi» («Die Reise der Heiligen Drei Könige») und besprechen
verschiedene Interpretationen des Gedichtes, die es auf You-
tube zu hören und zu sehen gibt. Es soll alles, so scheint es, in
einer spielerischen Ebene bleiben. Die «fremde» Sprache ist
dann nicht mehr so fremd, weil es ganz natürlich zum Spiel
gehört, eine Herausforderung zu ergreifen.

Silvia Albert-Jahn erzählt mir, dass sie sich zu allen Fragen,
die sie im Unterricht stellt, in der Vorbereitung zu Hause

Gedanken zu möglichen Antworten gemacht hat. Manchmal sagt sie dann den Schülern, dass sie über eine Antwort von ihnen überrascht sei, weil sie die selbst nicht bedacht habe. Wieder ein Beispiel der gleichen Augenhöhe zu den Schülern.

Dann folgt eine Kurzgeschichte über einen Stadtstreicher, der einsam durch die nächtlichen Straßen zieht. «What would you ask him?», fragt die Lehrerin in die stille Klasse. Manchmal müsse man sich mit Fragen herantasten, wenn man ahnt, dass der andere eigentlich kaum sprechen könne, sagt sie und gibt Beispiele: «Was hättest du im Leben anders machen können? Warum bist du so unglücklich?» Dann dreht sie die Stimmung: «TPS – think, pair, share!» Das heißt, jetzt sollen die Schüler zu zweit überlegen: Wie könnte man dem Stadtstreicher helfen?

Zum Schluss des langen Vormittages schlürft eine 10. Klasse in den Raum. Ein Schüler hat ein mehrstimmiges Lied vorbereitet und darf es mit der Klasse einstudieren. Obwohl es schon 13 Uhr ist, ist die Stimmung dynamisch, vor allem als Albert-Jahn die Tische zu einem V stellt, damit sich alle Schüler sehen können. Interessant ist, welche englischen Worte sie bei den Schülern korrigiert und welche nicht.

Dann kündigt sie etwas Ungewöhnliches an: «Now I have got a very unusual task for you to do.» In einer Geschichte gibt es ein Begräbnis, die Schülerinnen und Schüler sollen aufschreiben, was aus der Perspektive des Sarges zu sagen ist. Als sie ihre Sätze vorlesen, entsteht eine neue Geschichte. Ein typischer Satz von Silvia Albert-Jahn ist: «Is that okay for you?» Damit schafft sie fortwährend die Augenhöhe zu den Schülern. Gleichzeitig hat ihr Unterricht Dynamik, sie weiß immer, was als Nächstes kommt.

«Fluency before accuracy», betont sie im Nachgespräch. Tatsächlich impulsiert sie bei den Schülern die Freude am Sprechen. «Die Sprache kann nur leben, wenn man als Mensch gesehen wird, dann kommen die Kinder aus ihrem Schneckenhaus heraus», erklärt sie mir. Ich müsse, rät sie mir, in die 1. Klasse gehen. «Da legen wir das Fundament der Sprache. Da tauchen die Kinder in ein Meer der Sprache ein und erleben die Sprache als ein Ganzes, ohne dabei jedes Wort zu verstehen. In der Mittelstufe wird sie bewusster ergriffen und verstanden. So entstehen zunehmend Inseln, die Boden unter den Füßen geben und dem Bedürfnis, sich auszudrücken und zu kommunizieren, Rechnung tragen. Dazu braucht es authentische Anlässe, nichts Konstruiertes. So wächst das Bedürfnis nach Vokabeln, jenseits von Test und Abfragen. Ich will etwas ausdrücken, denn dazu habe ich etwas zu sagen. Das ist die Triebfeder der Mädchen und Jungen.»

«Meine Aufgabe», so Silvia Albert-Jahn weiter, «ist es, die Fenster aufzumachen in die Welt, zu der sich die Schülerinnen und Schüler in Beziehung setzen oder in der sie sich wiederfinden und dann erzählen wollen.»

Mein Dank

Da ist eine Idee, und man erzählt sie im Konjunktiv: «Man müsste, man sollte, man könnte …» Und dann gibt es im richtigen Moment jemanden, der den Ball zurückspielt und zuruft: «Das kannst du selbst am besten!» So war es, als ich 2016 im Beirat des Verlags Freies Geistesleben meinte, dass es so etwas wie einen Reisebericht aus dem Waldorfkosmos geben sollte. Man könne heute nicht mehr wie Frans Calgren vor vierzig Jahren mit *Erziehung zur Freiheit* ein Kompendium der Waldorfschule schreiben. Dazu sei die Welt, dazu sei Waldorfpädagogik zu vielschichtig geworden, es brauche etwas, was eine Momentaufnahme dieser Vielfalt sein könne. Da waren es Christian Boettger, Vorstand im Bund der Waldorfschulen, Ruprecht Fried und Jean-Claude Lin, der Verlagsleiter, mit mir am Tisch, die mit einem «Das schreiben Sie am besten selbst» mir Luft unter die Flügel gaben. Dafür danke ich herzlich.

Die Evidenz-Stiftung sowie der Damos Verein und die Forschungsstelle des Bundes der Freien Waldorfschulen haben diese Publikation finanziell unterstützt. So wurde es mir möglich, den Lehrerinnen und Lehrer, die ich im Buch beschrieben habe, jeweils mehrere Tage über die Schulter zu schauen und die Eindrücke zu verarbeiten. Herzlichen Dank! Mein innerer Dank gilt meinen beiden pädagogischen Lehrern im Studium am Institut für Waldorfpädagogik, dem

Astrophysiker Dr. Werner Rauer, Gründer bzw. Gründungsbe-
rater von neun Waldorfschulen, und dem Mathematiklehrer
Georg Glöckler und schließlich meiner Frau Grit und unseren
drei Töchtern, die mich für die Hospitationen freistellten und
mir fürs Schreiben all das gaben, was bei solch einem Projekt
eine Familie geben kann.

Elf Bücher, die ich empfehle

«Weißbrot»: Bücher, die in die Waldorfpädagogik einführen
- *Erziehungskunst*, monatlich erscheinende Zeitschrift
- Frans Carlgren, *Erziehung zur Freiheit. Die Pädagogik Rudolf Steiners. Bilder und Berichte aus der internationalen Waldorfschulbewegung*, Stuttgart ¹¹2016.
- Henning Kullak-Ublick, *Jedes Kind ein Könner. Fragen und Antworten zur Waldorfpädagogik*, Stuttgart ²2017.

«Graubrot»: Bücher, die Praxis und Theorie genauer beleuchten
- Christof Wiechert, *«Du sollst sein Rätsel lösen ...». Gedanken zur Kunst der Kinder- und Schülerbesprechung*, Dornach ²2017.
- Claus-Peter Röh und Robert Thomas (Hrsg.), *Unterricht gestalten – im 1. bis 8. Schuljahr der Waldorf-/Rudolf Steiner-Schulen*, Stuttgart ⁴2015.

«Schwarzbrot»: Bücher, die die inneren Grundlagen beschreiben
- Rudolf Steiner, *Allgemeine Menschenkunde als Grundlage der Pädagogik*, GA 293, Dornach ⁹1992.
- Rudolf Steiner, *Die Erziehung des Kindes vom Gesichtspunkte der Geisteswissenschaft*, Tb 658, Dornach.

- Valentin Wember, *Menschenkunde meditieren. Eine Weg-
beschreibung zur Zentralmethode der Waldorfpädagogik,*
Stratosverlag, Tübingen.
- Valentin Wember, *Die fünf Dimensionen der Waldorfpädagogik im Werk Rudolf Steiners,* Stratosverlag, Tübingen ²2016.
- Jost Schieren, *Handbuch Waldorfpädagogik. Standort-
bestimmung und Entwicklungsperspektiven,* Weinheim 2016.

«Knäckebrot»: Bücher, die die Waldorfschule kritisch
beleuchten
- Heiner Ulrich, *Waldorfpädagogik. Eine kritische Einführung,*
Weinheim 2015.

Anmerkungen

1 Dieses viel verwendete Zitat wird – vermutlich fälschlich – John Lennon zugeschrieben. Es trifft gleichwohl einen Kern, sodass ich es trotz der unklaren Quellenlage dem Buch vorangestellt habe.

2 Ich selbst bin auf ein Gymnasium gegangen, keine Waldorfschule. Mein Lehrer, Jürgen Eitner, hatte allerdings, wie ich rückblickend finde, viel von dem an sich, was ich später an Waldorfpädagogen kennenlernte.

3 John Hattie, *Lernen sichtbar machen für Lehrpersonen. Überarbeitete deutschsprachige Ausgabe von «Visible Learning for Teachers»*, Hohengeren 2017.

4 Peter Sloterdijk, *Du musst dein Leben ändern*, Frankfurt/M. 2009, S. 14.

5 Shell Deutschland, *Jugend 2015. Eine pragmatische Generation im Aufbruch*, Frankfurt/M. 2015.

6 Frank Schirrmacher, *Ego. Das Spiel des Lebens*, München [3]2013.

7 Johannes Wirz, Optimum schafft Fülle, Maximum schafft Not, in: *Das Goetheanum*, 24/2013.

8 Peter Wohlleben, *Das geheime Leben der Bäume*, Kiel 2015.

9 Interview mit Peter Wohlleben und Emanuele Coccia, in: *Süddeutsche Zeitung*, 28. September 2018.

10 Edgar Morin, *Die sieben Fundamente des Wissens für eine Erziehung der Zukunft*, Hamburg 2001.

11 Byung-Chul Han, *Der Duft der Zeit – ein philosophisches Essay zur Kunst des Verweilens*, Bielefeld 2015, S. 38.

12 Thomas Friedman, *Die Welt ist flach. Eine kurze Geschichte des 21. Jahrhunderts*, Berlin 2006.

13 Georg Wilhelm Friedrich Hegel, *Wissenschaft der Logik*, 1. Teil, Stuttgart 1832, S. 67.

14 Rudolf Steiner, *Der pädagogische Wert der Menschenerkenntnis und der Kulturwert der Pädagogik*, GA 310, Dornach [4]1989, Vortrag vom 20.7.1924, S. 83.

15 Andre Wilkens, *Analog ist das neue Bio*, Berlin 2017.

16 Robin Schmidt, Digitaler Wandel als Gesellschaftssituation – Herausforderungen für Mensch, Gesellschaft und Pädagogik, in: *Lehrerrundbrief Nr. 107*, März 2018.

17 Bodo von Plato, Ethik der menschlichen Beziehung, in: *Das Goetheanum*, Nr. 6-7/2016.

18 Siehe Edgar Morin (Anm. 10), S. 82.

19 Harald Welzer, *Klimakriege: Wofür im 21. Jahrhundert getötet wird*, Berlin 2010.

20 Jeremy Rifkin, *Die empathische Zivilisation, Wege zu einem globalen Bewusstsein*, Frankfurt/M. 2012, S. 335.

21 Siehe Richard David Precht, *Jäger, Hirten, Kritiker: Eine Utopie für die digitale Gesellschaft*, München 2018.

22 Jean Baudrillard, Videowelt und fraktales Subjekt, in: Ars Electronica (Hrsg.): *Kunst der Szene*, Linz 1988.

23 Siehe Edgar Morin (Anm. 10), S. 74.

24 Max Weber, *Wissenschaft als Beruf*, Vortrag vom 7. November 1917, reclam tb 1995.

25 Jürgen Habermas, *Glauben und Wissen: Rede zum Friedenspreis des Deutschen Buchhandels 2001*, Frankfurt/M. 2016, S. 13.

26 Ernst-Michael Kranich, *Der innere Mensch und sein Leib. Eine Anthropologie*, Stuttgart 2003, S. 21.

27 Novalis, *Fragmente 1*, Kapitel 11, Bruchstücke medizinischer Enzyklopädistik.

28 Martin Buber, *Der Weg des Menschen nach der chassidischen Lehre*, Gütersloh 2001.

29 Siehe den Bericht von Wolfgang Held über Orland Bishop, in *Das Goetheanum*, 6/2007.

30 Siehe Wolfgang Held in: *Das Goetheanum*, Nr. 44-45, 31. Oktober 2014.

31 Georg Franck, *Ökonomie der Aufmerksamkeit*, München 1998.

32 5. Brief von Goethe an Schiller vom 27. August 1794.

33 Briefwechsel Goethe-Schiller, Brief vom 23. und 27. August 1794.

34 Joachim Bauer, *Lob der Schule. Sieben Perspektiven für Schüler, Lehrer und Eltern*, Hamburg 2007.

35 Henning Köhler, *Individuelle Entfaltung – was heißt das eigentlich?*, Esslingen 2018.

36 Zitiert nach Steven Covey, *Die dritte Alternative*, Offenbach 2012.

37 Aus dem Lied «Du bist ein Riese, Max!». Wortlaut: «Du bist ein Riese, Max! Sollst immer einer sein! Großes Herz und großer Mut und nur zur Tarnung nach außen klein.» Reinhard Mey schrieb es für seinen damals zehnjährigen Sohn Maximilian. Nach fünf Jahren im Wachkoma durch eine Lungenentzündung verstarb sein Sohn 2009 im Alter von 32 Jahren. «Trauern ja, hadern nein» war auf späteren Konzerten des Liedermachers seine wenigen Worte dazu.

38 Bertelsmann Stiftung, *Woran glaubt die Welt? Analysen und Kommentare zum Religionsmonitor 2008*, Gütersloh 2009.

39 Pim van Lommel, *Endloses Bewusstsein. Neue medizinische Fakten zur Nahtoderfahrung*, München 2013.

40 Eben Alexander, *Blick in die Ewigkeit. Die faszinierende Nahtoderfahrung eines Neurochirurgen*, München 2016.

41 Ebd., S. 57.

42 Ebd., S. 60.

43 Wolfgang Held, Im Gespräch mit Claus-Peter Röh, «Die Innenseite der Waldorfpädagogik», in: *Das Goetheanum*, Nr. 40, 5. Oktober 2018.

44 Haim Omer, *Autorität durch Beziehung. Die Praxis des gewaltlosen Widerstands in der Erziehung*, Göttingen 2016.

45 Haim Omer, *Und bist du nicht willig, so brauch ich Geduld* (Hörbuch), Auditorium-Verlag 2014.

46 Siehe dazu die Fußnote auf S. 44.

47 Charles Baudelaire, *Raketen. Tagebücher*, Berlin 1909.

48 Max Weber, *Wissenschaft als Beruf*, München 1919.

49 Erik Hornung, *Gesänge vom Nil. Dichtung am Hofe der Pharaonen*, Zürich 1990.

50 Rudolf Steiner, *Die Philosophie der Freiheit*, Dornach 1962, S. 25.

51 Francis Bacon, *Neu-Atlantis*, Stuttgart 2003.

52 Ludwig Wittgenstein, *Tractatus Logico-Philosophicus*, London 1922.

53 Joachim Daniel, *Vortragszyklus Weltgeschichte*, www.sentovision.com

54 Lennart Nilsson, *Ein Kind entsteht. Bilddokumentation über die Entwicklung des Lebens im Mutterleib*, München 1995.

55 Gerald Hüther, *Mit Freude lernen – ein Leben lang. Weshalb wir ein neues Verständnis vom Lernen brauchen. Sieben Thesen zu einem erweiterten Lernbegriff und eine Auswahl von Beiträgen zur Untermauerung*, Göttingen 2016.

56 Friedrich Schiller, *Wallensteins Tod*, 5. Akt, 11. Aufzug.

57 Stefan Leber, *Der Schlaf und seine Bedeutung. Geisteswissenschaftliche Dimensionen des Un- und Überbewussten*, Stuttgart 1996, S. 38.

58 Bernd Rosslenbroich, *Die rhythmische Organisation des Menschen. Aus der chronobiologischen Forschung*, Stuttgart 1994.

59 Rudolf Steiner, *Allgemeine Menschenkunde als Grundlage der Pädagogik*, GA 293, 1. Vortrag, Dornach ⁹1992.

60 Johann Wolfgang Goethe, Im Atemholen sind zweierlei Gnaden, in: *West-östlicher Divan*, Buch des Sängers.

61 *Erich Kästner*, hrsg. von Franz-Joseph Görtz, Band 1, München 1998, S. 273.

62 Friedrich Nietzsche, Die Geburt der Tragödie aus dem Geiste der Musik, in: Friedrich Nietzsche, *Sämtliche Werke. Kritische Studienausgabe*, hrsg. von Giorgio Colli und Mazzino Montinari, Bd. 1. München 1980.

63 Jeremy Rifkin, *Die empathische Zivilisation. Wege zu einem globalen Bewusstsein*, Frankfurt 2010, S. 98

64 Ebd., S. 100.

65 *Ich übe die Verteidigung*, hrsg. von Irene Johanson, Stuttgart 1976, darin: «Die Mutter» von Michelle von Engelhardt.

66 Rudolf Steiner, *Die pädagogische Praxis vom Gesichtspunkte geisteswissenschaftlicher Menschenerkenntnis*, Dornach [4]1989, Vortrag vom 20. April 1923.

67 Hans Erich Nossack, *Dieser Andere. Ein Lesebuch mit Briefen, Gedichten, Prosa*, Sion 1991.

68 Juan Ramon Jimenez, Yo no soy yo (1918), zitiert nach *Herz, stirb oder singe. Gedichte. Spanisch und deutsch*, übertragen von Hans Leopold Davi, Zürich 1977.

69 Bodo von Plato, Von geistiger Kindschaft und Meditation als Wechselseitigkeit, in: *Die Drei*, Thema: Meditationswege, Juli/August 2012.

70 Friedrich Nietzsche, *Also sprach Zarathustra. Von den drei*

Verwandlungen, Sofia 2018. Im Wortlaut: «Unschuld ist das Kind und Vergessen, ein Neubeginnen, ein Spiel, ein aus sich rollendes Rad, eine erste Bewegung, ein heiliges Ja-sagen.»

71 Johann Wolfgang von Goethe, *Maximen und Reflexionen*, Nr. 806 (bzw. 1315 in der Hamburger Ausgabe). Im Wortlaut: «Jedem Alter des Menschen antwortet eine gewisse Philosophie. Das Kind erscheint als Realist, denn es findet sich so überzeugt von dem Dasein der Birnen und Äpfel als von dem seinigen. Der Jüngling, von innern Leidenschaften bestürmt, muss auf sich selbst merken, sich vorfühlen: er wird zum Idealisten umgewandelt. Dagegen ein Skeptiker zu werden, hat der Mann alle Ursache, er tut wohl zu zweifeln, ob das Mittel, das er zum Zwecke gewählt hat, auch das rechte sei.»

72 Prof. Vitale Bloch 1954.

73 Bernd Ruf, *Trümmer und Traumata. Anthroposophische Grundlagen notfallpädagogischer Einsätze*, Stuttgart 2012.

74 Arthur Zajonc, *Aubruch ins Unerwartete. Meditation als Erkenntnisweg*, Stuttgart 2010.

75 Daniel Goleman, *EQ. Emotionale Intelligenz*, München 1996.

76 Romano Guardini, zitiert nach Lienhard Valentin, *Mit Kindern neue Wege gehen*, Freiburg 2005.

77 Jakob Streit, *Milon und der Löwe. Eine Erzählung aus der Zeit des frühen Christentums*, Stuttgart 2017.

78 Siehe dazu die Beiträge von Reinhart Fiedler und

Benediktus Hardorp in dem Band *Zum Unterricht des Klassenlehrers an der Waldorfschule*, hrsg. von Helmut Neuffer und Ludger Helming-Jacoby, Stuttgart [4]2019.

79 Gleichwohl gibt es auch für Waldorfschulen Lehr- und Bildungspläne, die Orientierungen liefern. Siehe Tobias Richter (Hrsg.), *Pädagogischer Auftrag und Unterrichtsziele – vom Lehrplan der Waldorfschule*, Stuttgart [4]2016, und Wenzel M. Götte, Peter Loebell, Klaus-Michael Maurer, *Entwicklungsaufgaben und Kompetenzen. Zum Bildungsplan der Waldorfschule*, Stuttgart [2]2106.

80 Dan Ariely, *Denken hilft zwar, nützt aber nichts. Warum wir immer wieder unvernünftige Entscheidungen treffen*, München 2015.

81 In diesem Text ist auch ein Gespräch über Eurythmie mit Stefan Hasler, Leiter der Sektion für Redende und Musizierende Künste am Goetheanum, und Claire Wyss, Eurythmielehrerin in Basel, verarbeitet.

82 Peter Brook, *Der leere Raum*, Berlin [10]2009.

83 Siehe Rudolf Steiner, *Impulse 3: Der positive und der negative Mensch*, hrsg. von Jean-Claude Lin, Stuttgart 2010, darin die Einleitung von Wolfgang Held.

149 Seiten, gebunden
mit Schutzumschlag
ISBN 978-3-7725-2725-8

Die richtige Schule für ihr Kind zu finden ist für Eltern eine Herausforderung. Bezüglich der Waldorfschulen gibt es zwar viele
Erfolgsgeschichten, aber auch Vorurteile. Henning Kullak-Ublick
beantwortet prägnant die häufigsten Fragen zur Waldorfpädagogik,
gibt Einblicke in den Unterricht und bietet Eltern Orientierung bei
der Suche nach einer Schule, die nicht nur geeignet, sondern gut
für ihr Kind ist.

Verlag Freies Geistesleben